T0129606

essentials

essentials liefern aktuelles Wissen in konzentrierter Form. Die Essenz dessen, worauf es als „State-of-the-Art" in der gegenwärtigen Fachdiskussion oder in der Praxis ankommt. *essentials* informieren schnell, unkompliziert und verständlich

- als Einführung in ein aktuelles Thema aus Ihrem Fachgebiet
- als Einstieg in ein für Sie noch unbekanntes Themenfeld
- als Einblick, um zum Thema mitreden zu können

Die Bücher in elektronischer und gedruckter Form bringen das Fachwissen von Springerautor*innen kompakt zur Darstellung. Sie sind besonders für die Nutzung als eBook auf Tablet-PCs, eBook-Readern und Smartphones geeignet. *essentials* sind Wissensbausteine aus den Wirtschafts-, Sozial- und Geisteswissenschaften, aus Technik und Naturwissenschaften sowie aus Medizin, Psychologie und Gesundheitsberufen. Von renommierten Autor*innen aller Springer-Verlagsmarken.

Stephan Schnorr

Power Purchase Agreements

Stromlieferverträge für Erneuerbare
Energien

Stephan Schnorr
Robotron Datenbank-Software GmbH
Dresden, Deutschland

ISSN 2197-6708   ISSN 2197-6716 (electronic)
essentials
ISBN 978-3-658-37909-4   ISBN 978-3-658-37910-0 (eBook)
https://doi.org/10.1007/978-3-658-37910-0

Die Deutsche Nationalbibliothek verzeichnet diese Publikation in der Deutschen Nationalbibliografie; detaillierte bibliografische Daten sind im Internet über http://dnb.d-nb.de abrufbar.

Planung/Lektorat: Susanne Kramer
Springer Gabler ist ein Imprint der eingetragenen Gesellschaft Springer Fachmedien Wiesbaden GmbH und ist ein Teil von Springer Nature.
Die Anschrift der Gesellschaft ist: Abraham-Lincoln-Str. 46, 65189 Wiesbaden, Germany

Was Sie in diesem *essential* finden können

- Kategorisierung von Power Purchase Agreements
- Besonderheiten im Einspeiseverhalten von Erneuerbaren Energien
- Preisfindung bei Power Purchase Agreements
- Bewirtschaftung derartiger Verträge während der Lieferung
- Kurzer Abriss zu Herkunftsnachweisen

Vorwort

Dieses Essential soll einige Eckpunkte von Power Purchase Agreements darlegen. Es war nicht mein Ziel, hier ein umfassendes und vollständiges Nachschlagewerk zu erstellen. Dazu reicht weder meine Erfahrung, noch meine Zeit und schon gar nicht der Rahmen eines Essentials. Ich hoffe, dass sich dieses Werk insbesondere für Einsteiger eignet, die sich schnell in dieses Thema einarbeiten wollen.

Mein Dank gilt insbesondere meinen Kollegen Martin und Sascha, mit denen ich dieses Geschäftsfeld bearbeitet habe.

Dr. Stephan Schnorr

Einleitung

In den letzten Jahren bewegte das Thema der Power Purchase Agreements die Energiebranche und beeinflusst sie auch heute noch. In Pressemitteilungen werden Abschlüsse solcher Power Purchase Agreements bekannt gegeben, auf Fachtagungen und Kongressen lockten Vorträge hierzu sowohl Vertreter der Energiebranche als auch Einkäufer aus der Industrie. In relativer kurzer Zeit hat sich hier ein Markt herauskristallisiert, der nach anfänglicher scheinbarer Vielfalt mittlerweile aber doch eine allgemein geteilte Struktur in Bezug auf die Begrifflichkeiten und Vorgänge hinter dem Begriff „PPA" aufweist. Wenn das Instrument als solches, ein Stromliefervertrag, im Grunde in der Branche natürlich schon bekannt ist, hat ein derartiges Power Purchase Agreement einige Besonderheiten im Vergleich zu herkömmlichen Stromlieferverträgen. Diese Besonderheiten liegen vorrangig in der Natur der erzeugenden Anlagen begründet. Im Folgenden werden die genannten Power Purchase Agreements und die erwähnten Besonderheiten näher vorgestellt.

Im ersten Schritt werden Möglichkeiten vorgestellt, Power Purchase Agreements zu kategorisieren. Daran schließt sich eine Beschreibung des Einspeiseverhalten der fraglichen Anlagen an. Dessen Besonderheiten werden dann anschließend neben anderen Punkten auch bei der Preisfindung betrachtet. Die Bewirtschaftung der PPAs, also das Vorgehen während der Lieferung, wird aus Sicht eines Lieferanten, eines Abnehmers und insbesondere aus Sicht eines Dienstleisters skizziert. Den Abschluss bildet ein Exkurs zu Herkunftsnachweisen, mit denen es möglich ist, die besondere Eigenschaft des Stromes, die Herstellung aus regenerativen Quellen, zu übertragen.

Inhaltsverzeichnis

Power Purchase Agreements

Aktuell dominiert das Thema Power Purchase Agreement die Schlagzeilen in der Energiebranche und beansprucht bei allen Marktteilnehmern Ressourcen und Zeit. Hinter dem Begriff der Power Purchase Agreements verbergen sich im Grunde Stromlieferverträge. Diese sind in der Branche im Grundsatz schon seit einigen Jahren bekannt; sollten also nicht für derart viel Aufregung sorgen. Die Tatsache, dass die Branche sich für einen Anglizismus entschieden hat, markiert eine leicht geänderte Bedeutung des Begriffs.

Spricht man heute von PPAs in der Energiebranche, so sind Stromlieferverträge gemeint, denen Energie besonderer Qualität zugrunde liegt. Bei dieser Qualität handelt es sich um die Herkunft aus erneuerbaren Energiequellen[1]. Deren Vermarktung ist in Deutschland seit Jahren üblich und rechtfertigt sicher noch nicht die ganze Aufregung und Aufmerksamkeit um das Thema. Im „Erneuerbare-Energien-Gesetz", kurz EEG sind zwei grundsätzliche Vermarktungsformen vorgesehen.[2] Zum einen gibt es die geförderte Direktvermarktung.[3] Diese Form umfasst die Vermarktung innerhalb der Fördermechanismen des EEG. Dies machte bis vor kurzem den größten Teil des EEG-Stromes aus. Für PPA-Anlagen kommt diese Vermarktungsform nicht infrage, da entweder die Förderhöchstdauer von 20 Jahren erreicht wurde oder eine Förderung von vornherein nicht möglich war. Eine solche Anlage wird der Vermarktungsform „sonstige Direktvermarktung"[4] zugeordnet. Den hier näher zu beschreibenden PPAs liegen Anlagen zugrunde, die dieser Vermarktungsform zugeordnet sind. Die Bedeutung des Instrumentes PPA untermauert der Fakt, das im Jahr 2021 für in Summe rund

---

[1] Vgl. dena (2020), „Grüner Strom per Vertrag".
[2] Siehe § 21b EEG.
[3] Siehe § 20 EEG.
[4] Siehe § 21a EEG.

S. Schnorr, *Power Purchase Agreements*, essentials, https://doi.org/10.1007/978-3-658-37910-0_1

4 GW Aufstellungsbeschlüsse für PV-Anlagen erteilt wurden, die nicht nach dem EEG förderfähig sind.[5] Eine Förderung, also eine Vermarktung in der geförderten Direktvermarktung, ist nicht möglich. Die Stromlieferung kann nur im Rahmen von PPAs organisiert werden.

Es finden sich aktuell verschiedene Klassifikationen für PPAs. Im Folgenden wird daher zuerst eine Einführung in die verschiedenen Begrifflichkeiten vorgenommen. Eine vollständige und abschließende Darstellung ist hier gleichwohl nicht möglich, da sich das Thema der PPAs weiterhin dynamisch entwickelt.

In den sich daran anschließenden Abschnitten wird auf das Einspeiseverhalten der den PPAs zugrunde liegenden Anlagen erläutert.

1.1   Allgemeine Unterscheidung

Eine grundsätzliche Unterscheidung bezieht sich auf die Lieferrichtung. PPAs können, stellt man die Lieferung des Stroms an einen Abnehmer bzw. Verbraucher in den Vordergrund, als Downstream PPAs bezeichnet werden. In der einfachsten Form liefert ein Lieferant Strom aus einem solchen PPA an einen Abnehmer, dessen Zählpunkt bzw. Marktlokation seinem Bilanzkreis zugeordnet ist (Abb. 1.1).

Denkbar ist auch, dass der Abnehmer über einen eigenen Bilanzkreis verfügt und den Strom aus dem PPA in diesen geliefert bekommt. Diese Konstellation betrifft insbesondere große Verbraucher bzw. Industriebetriebe.

Das Gegenstück hierzu bilden dann die Verträge, die mit den erzeugenden Anlagen abgeschlossen werden. Steht dieser Aspekt im Vordergrund, bezeichnet man dies als Upstream PPA. Der in der Anlage erzeugte Strom wird, so wie es die Abbildung skizziert, in den Bilanzkreis des Dienstleisters eingespeist. Die Konstellation, dass ein Anlagenbetreiber über einen eigenen Bilanzkreis verfügt, ist eher seltener anzutreffen (Abb. 1.2).

Betrachtet man den Abnehmer des Stromes, kann man unterteilen in Corporate PPAs und Merchant oder auch Utility PPAs. Wird der Strom aus einer Eneuerbaren Energie-Anlage (EE-Anlage) direkt an ein Unternehmen geliefert, spricht man von einem Corporate PPA. Ist der Abnehmer des Stromes ein Handels- bzw. Dienstleistungsunternehmen, spricht man von einem Merchant PPA.[6] Der Begriff Utility PPA wird dann angewandt, wenn der Abnehmer der elektrischen Energie ein Versorger ist. Bezeichnend für diese Art von PPAs ist das Zwischenschalten eines Bilanzkreises. Der Strom wird von der Anlage in den Bilanzkreis

---

[5] Vgl. PV-Magazin (2021).

[6] Vgl. Leinert (2020), S. 12.

Abb. 1.1 Downstream
PPA

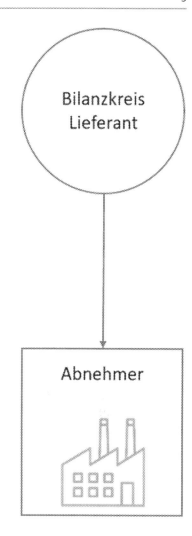

des Dienstleisters oder Versorgungsunternehmens eingespeist, und aus diesem Bilanzkreis an einen Abnehmer geliefert.

Verbunden mit dieser Klassifikation nach den Abnehmern ist die Unterscheidung in On-site und Off-site PPAs. Errichtet man eine Anlage auf dem Grundstück des Stromabnehmers, dann spricht man von einem On-Site PPA. Diese Art der Versorgung wird bevorzugt von Industrieunternehmen mit entsprechenden Strombedarfen und verfügbaren Flächen eingesetzt. On-Site PPAs

Abb. 1.2 Upstream PPA

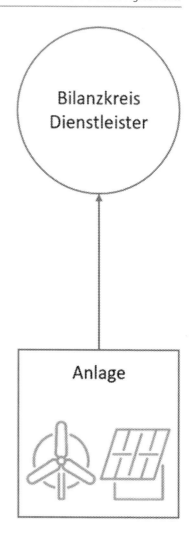

werden daher oft als Corporate PPA umgesetzt. Ein wesentlicher Aspekt bei dieser Ausgestaltung des PPAs ist der Verzicht auf die Nutzung der öffentlichen Stromnetze. Für die Inanspruchnahme solcher Infrastruktur werden durch die jeweiligen Betreiber Netznutzungsentgelte erhoben[7], deren Vermeidung oder Reduktion einen PPA wirtschaftlich attraktiv machen können. Befindet sich die Anlage nicht auf einem Grundstück des Abnehmers, also in räumlicher Distanz, spricht man von einem Off-Site PPA.[8] Hier muss der Strom durch Nutzung des Stromnetzes, mithin unter Berücksichtigung von Netznutzungsentgelten, bezogen werden. Denkbar ist auch die Verlegung eines Kabels zum Transport des Stromes; hier spricht man dann von einem „direct wire".

Wird der Strom in einen Bilanzkreis geliefert, wird dies als „physical" PPA bezeichnet. Auf der anderen Seite, wenn nicht die Lieferung selbst im Vordergrund steht, spricht man von einem „financial" PPA. Hier werden die Zahlungsströme von den physischen Stromflüssen entkoppelt. Der Erzeuger liefert den Strom über einen Dienstleister zum Beispiel in den Spotmarkt. Der Abnehmer des PPAs bezieht über seinen Dienstleister den Strom vom Spotmarkt im Erzeugungsprofil des PPAs.[9] In konkreter Abgrenzung zur Definition sind On-site PPAs oder „direct wire"-Verträge auch physical PPAs, auch wenn hier keine Einbindung eines Bilanzkreises erfolgt. Es steht aber die physikalische Lieferung des Stromes im Vordergrund, ein Ausgleich von Zahlungsströmen ist jenseits eventueller Dienstleistungsentgelte nicht vorgesehen.

Neben der Klassifikation von PPAs nach den Abnehmern und nach dem Weg der Lieferung gibt es auch andere Kriterien, die eine Unterscheidung ermöglichen. Ein solches Kriterium ist das dem Vertrag zugrunde liegende Preisregime.

1.2 Preisregime

Es gibt zwei grundsätzliche Möglichkeiten, die im Rahmen eines PPA gelieferten Strommengen zu vergüten. Im Grundsatz denkbar sind variable Vergütungen und feste Vergütungen, welche dann wiederum unterschiedliche Ausprägungen aufweisen können (Tab. 1.1)

Variable Vergütung
Hier sind als Vergütungsgrundlage entweder der Spotpreis oder der Marktwert, konkreter der energieträgerspezifische Monatsmarktwert denkbar.

---

[7] Die „Netze BW" veranschlagen bspw. 5,66 Cent/KWh für einen Anschluss am Niederspannungsnetz. Darüber hinaus wird noch ein Leistungspreis in Rechnung gestellt. Vgl. Netze BW GmbH (2022).

[8] Vgl. Leinert (202), S. 13.

[9] Vgl. Next (PPA).

Tab. 1.1 Variable und feste Vergütungen	Variable Vergütung	Fixe Vergütung
	Marktwert	Auf Basis Gegengeschäft
	Spotpreis	Auf Basis Terminmarkt

Bei der Vergütung zum *Spotpreis* ist die Grundlage der Vergütung der Preis, der von der EPEX Spot ermittelt wird. Die Spotpreise werden täglich jeweils für den Folgetag ermittelt. Bei Abschluss eines PPA-Vertrages stehen sie somit noch nicht fest. Die konkrete Vergütungsregel ist dann der Spotpreis gemäß EPEX Spot abzüglich eines Vermarktungsentgeltes, welches die Kosten des Vermarkters deckt. In aller Regel basieren die Verträge auf den Spotpreisen je Stunde[10]. Es fließt somit als Mengenkomponente die je Stunde von der Anlage produzierte Strommenge ein.

Der Vorteil dieser Vergütungsvariante besteht darin, dass sie leicht und einfach umsetzbar ist. Die Vergütung zu Spot-Preisen ist in der Energiewirtschaft für viele andere Produkte üblich und akzeptiert. Die Spot-Preise werden von der EPEX Spot[11] täglich veröffentlicht. Damit ist der Preis, zu dem die Strommenge im PPA abgerechnet wird, transparent.

Die Spotpreise unterliegen gleichwohl Schwankungen. Damit besteht durchaus die Chance, höhere Preise für den im Rahmen des PPA gelieferten Strom zu erzielen. Verbunden damit ist natürlich dann aber auch das Risiko niedriger Preise. Diese können ebenso auftreten. In Abb. 1.3 werden die monatlichen Durchschnitte der Spotpreise gezeigt. Bereits diese weisen in dieser Darstellungsform eine Spannweite von 34,36 €/MWh bis 82,70 €/MWh auf. Innerhalb der Monate treten teilweise noch größere Schwankungen auf (Abb. 1.3).

Da die Spot-Preise bei Vertragsschluss noch nicht feststehen, besteht zu diesem Zeitpunkt für den Betreiber der Anlage somit noch keine Sicherheit über den erzielbaren Vergütungssatz. Der Vergütungssatz kann erst nach Ablauf der Vertragslaufzeit bestimmt werden. Da auch erst dann die produzierten Mengen bekannt sind, kann die tatsächlich erzielte Vergütung einer Lieferperiode erst nach deren Ablauf ermittelt werden. Da die zu produzierenden Mengen bei Photovoltaik- und Windenergieanlagen im Voraus nicht sicher bestimmbar sind, gilt diese Aussage zur Ermittelbarkeit der gesamten Vergütung auch für andere Preisregime. In anderen Preismodellen lässt sich gegebenenfalls der Vergütungssatz im Vorfeld bestimmen, nicht jedoch die gesamte, auf Menge und Vergütungssatz basierende Vergütung.

---

[10] Die EPEX Spot ermittelt auch Preise für die Viertelstunden.

[11] https://www.epexspot.com/en/market-data.

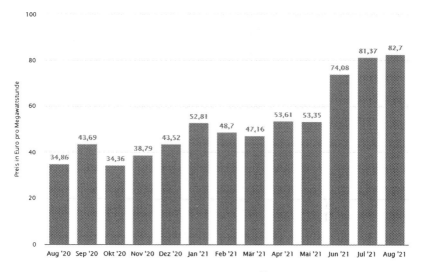

Abb. 1.3 Durchschnittliche Spotpreise Aug 20–Aug 21[12]

Um dem Risiko der schwankenden Preise zu begegnen sind in diesem Vergütungsmodell zusätzliche Varianten denkbar. Aus Sicht des Anlagenbetreibers bzw. Lieferanten sind naturgemäß sinkende Preise nachteilig. Hier ist eine Preisuntergrenze denkbar. Sinken die Spotpreise, die Basis der Vergütung sind, unter eine vorher definierte Preisuntergrenze, wird statt des Spotpreises dieser Grenzpreis gezahlt. Damit kann der Anlagenbetreiber oder Lieferant sich teilweise gegen das Absinken der Preise absichern. Eine solche Preisuntergrenze wird auch als „Floor" bezeichnet. In Abb. 1.4 entspricht dem Floor die untere der beiden orangen Linien. Das Risiko liegt in dem Moment bei dem Vertragspartner, der den erzeugten Strom abkauft. Er muss die Vergütung gewährleisten, wenn der Strom nur zu einem niedrigeren Preis vermarktbar ist. Denkbar ist, hier eine Gegenposition zu schaffen, die das Risikoprofil des Lieferanten ausgleicht. Im Gegenzug für die Absicherung gegen sinkende Preise werden Preise oberhalb eines bestimmten Niveaus ebenfalls nicht weitergereicht. Der Lieferant „erkauft" sich die Absicherung mit dem Verzicht auf die Chance auf höhere Preise. Eine solche Preisobergrenze wird auch als „Cap" bezeichnet. In der Graphik entspricht

---

[12] Daten gemäß https://de.statista.com.

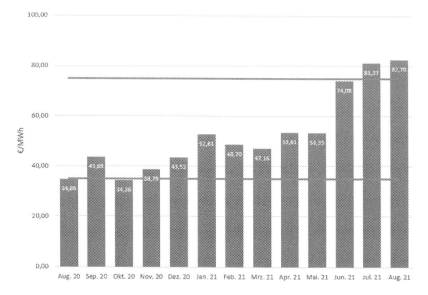

Abb. 1.4 Cap und Floor

dies der oberen der beiden orangen Linien. Beide Elemente zusammen bezeichnet man auch als „Collar".

Anstelle der Spotpreise der EPEX kann auch der energieträgerspezifische *Monatsmarktwert* als Vergütungsgrundlage vereinbart werden. Dieser bezieht sich stets auf einen Kalendermonat. In die Abrechnung fließen somit die in diesem Monat erzeugten Strommengen ein. In diesem Fall lautet die Vergütungsregel energieträgerspezifischer Monatsmarktwert abzüglich Vermarktungsentgelt.

Dieser Monatsmarktwert wird für verschiedene Energieträger berechnet. Es gibt ihn unter anderem für Wind Onshore und auch PV. Er wird spezifisch, also in Cent je kWh oder Euro je MWh angegeben und gibt den durchschnittlichen Erlös an, den alle Anlagen dieser Technologie in dem genannten Monat erzielt haben.[13] Da der Monatsmarktwert, seinem Namen folgend, für jeden Monat ermittelt wird, geht in diese Rechnung dann auch die im betroffenen Monat durch die jeweilige Technologie produzierte Strommenge ein.

---

[13] Vgl. § Erneuerbare-Energien-Gesetz – EEG 2021, Anlage 1 zu § 23a.

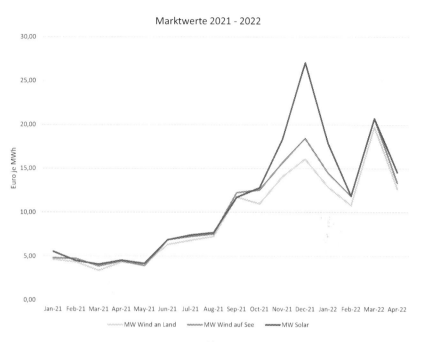

Abb. 1.5 Monatsmarktwerte Jan – Jun 2021[14]

In Abb. 1.5 ist zu sehen, dass sich die Niveaus der Monatsmarktwerte von Monat zu Monat ändern. Diese Änderungen werden vorrangig durch die Entwicklung der Spotpreise getrieben. Die Unterschiede zwischen den Technologien, in der Abbildung dargestellt als verschieden farbige Linien, ergeben sich durch die unterschiedlichen Mengen und Mengenstruktur der Erzeugungstechnologien.

Wie auch für den Spotpreis gilt für den Marktwert, dass dieser bei Abschluss des Vertrages noch nicht feststeht, die Vergütungsgrundlage ist damit im Vorfeld nicht bekannt. Im Laufe der Vertragslaufzeit besteht, wie auch bei einer Vergütung aus Basis der Spotpreise die Chance, an vorteilhaften Preisentwicklungen zu partizipieren. Verbunden damit ist wiederum auch das Risiko unvorteilhafter Preisentwicklungen.

Für längere Laufzeiten werden die variablen Vergütungsformen seltener gewählt. Die Vergütung zum energieträgerspezifischen Monatsmarktwert finden teilweise bei der Vermarktung von sog. „Ü20-Anlagen" Anwendung. Dies lässt

---

[14] Daten gemäß https://www.netztransparenz.de/EEG/Marktpraemie/Marktwerte.

sich zum Teil damit begründen, dass die Anlagenbetreiber in den Jahren zuvor im Rahmen der geförderten Direktvermarktung eine Vergütung zum Marktwert erhalten haben und damit grundsätzlich mit diesem Preisregime, im Gegensatz zu anderen Varianten, vertraut sind.

Eine Vergütung gemäß Spotpreis oder eine Vergütung gemäß dem energieträgerspezifischen Monatsmarktwert stellen die zwei Varianten einer variablen Vergütung dar. Es sind auch Vergütungsformen denkbar, bei denen der Vergütungssatz bei Vertragsabschluss feststeht. In Abgrenzung zu den gerade beschriebenen variablen Vergütungen werden diese als fixe Vergütung bezeichnet.

Fixe Vergütung

Im Preisregime der fixen Vergütung sind ebenfalls zwei grundsätzliche Varianten möglich. Eine Variante kann darin bestehen, den Preis aus einem *Gegengeschäft* zu bestimmen. Hierbei suchen die Dienstleister bzw. Händler eine „kongruente Gegenposition" zu einem angestrebten PPA. Es sind, dies am Rande, beide Richtungen denkbar. Also für einen angestrebten Upstream-PPA wird ein passendes Downstreamgeschäft[15] gesucht, und umgekehrt. Dieses Gegengeschäft muss in Bezug auf die Vertragsparameter zum angestrebten Vertrag vergleichbar sein. Dies betrifft insbesondere Parameter wie Laufzeit, Erzeugungstechnologie und zu liefernde Menge. Ein solches Konstrukt erfordert einiges an Vorbereitung. Zum einen muss ein eventueller Partner für ein passendes Gegengeschäft gefunden werden. Im Anschluss müssen die Vorstellungen beider Seiten bezüglich der Stromlieferung in Übereinstimmung gebracht werden. Die Vergütung wird dann, auf beiden Seiten, als ein Wert in Euro je MWh angegeben. Die Abrechnung erfolgt meist monatlich. Es gehen somit die in dem Monat produzierten oder gelieferten Mengen ein. Ein Vermarktungsentgelt wird nicht gesondert ausgewiesen. Es wurde bei der Ermittlung des Festpreises bereits berücksichtigt.

Eine fixe Vergütung bietet für die Laufzeit des Vertrages Sicherheit in Bezug auf den Vergütungssatz. Der Preis steht für die gesamte Laufzeit fest, lediglich die zu erzeugende Menge unterliegt Unsicherheiten. Schwankende Preise am Spotmarkt stellen kein Risiko für die Vertragspartner dar. Auf der anderen Seite besteht dann auch für den Betreiber der Anlage und Stromlieferanten keine Möglichkeit mehr, von sich vorteilhaft entwickelnden Preisen zu profitieren.

---

[15] Dieser Fall ist häufiger. Entweder suchen Anlagenbetreiber mit bestehenden Anlagen nach Vermarktungsmöglichkeiten. Oder Anlagen, die neu errichtet werden, suchen nach Vermarktungsverträgen, die oft eine Grundlage der Finanzierung bilden.

Eine weitere Möglichkeit, einen Fixpreis zu generieren, besteht in der Nutzung des *Terminmarktes*. Die erwartete zukünftige Stromproduktion[16] wird durch den Dienstleister mit Vertragsschluss am Terminmarkt abgesichert. Auf diesem Weg kann eine fixe Vergütung gezahlt werden, ohne dass ein entsprechendes Gegengeschäft in Form eines Downstream PPAs vorhanden ist. Um diesen festen Preis über den Terminmarkt zu gewährleisten, wird, vereinfacht ausgedrückt, die erwartete zukünftige Liefermenge des PPA am Terminmarkt bei Vertragsschluss verkauft. Aus den erwarteten Erlösen aus den Termingeschäften werden die Vergütungen für die erwartete Stromproduktion bestritten. In den Abschnitten zu dem Einspeiseverhalten und zur Bepreisung wird im Folgenden noch deutlich, dass das Absichern bzw. Hedgen eines PPAs über den Terminmarkt einige Herausforderungen bietet.

Typischerweise werden solche Festpreise nicht als ein Preis über die gesamte Laufzeit angegeben, sondern es werden Preise je Lieferjahr gestellt. Die einmal abgeschlossenen Verträge werden im Rahmen einer Mark-to-Market-Bewertung (MtM) bewertet. Diese basiert in aller Regel auf den Settlements der EEX für die einzelnen Lieferjahre. Damit ergeben sich für jedes Lieferjahr MtM-Effekte in jedem der einzelnen Lieferjahre.

Dies sei an den Settlements der EEX vom 06.01.2022 in Abb. 1.6 verdeutlicht. Der beispielhafte PPA-Preis wird hier als Mittelwert der Settlements angenommen.

In diesem Beispiel aus Abb. 1.6 entspricht der Preis des PPAs über die gesamte Laufzeit mit 91,73 €/MWh genau dem Mittelwert der Settlements. Damit ist der Vertrag in dieser Betrachtung fair bewertet. In den einzelnen Lieferjahren ergeben sich durchaus Abweichungen. In aller Regel unterliegt die Bewertung der Verträge einem jährlichen Vorgehen. Dies ist durch verschiedene Faktoren, nicht zuletzt ein Fokus auf einzelne Jahre in den Jahresabschlüssen, begründet (Abb. 1.7).

Auch wenn sich über das gesamte Geschäft die MtM-Effekte zu Null ausgleichen, stellt das Vorhandensein der Effekte in den einzelnen Jahren die Unternehmen vor Herausforderungen. Hier im Beispiel würde im ersten und zweiten Jahr ein MtM-Verlust ausgewiesen, der sich erst im Laufe der übrigen Jahre wieder abbaut. Das Vorgehen bei der Erstellung der Jahresabschlüsse

---

[16] Für die Stromlieferung im Rahmen eines PPAs gilt im Grunde die gleiche Aussage. Da im Rahmen von PPAs meist auch Herkunftsnachweise übertragen werden, schließen Händler und Dienstleister aus Risikoerwägungen erst einen Upstream-Vertrag, ehe sie einen Downstream-Vertrag auf diese Weise absichern. Andernfalls bestünde das Risiko, eine Lieferverpflichtung für HKN einzugehen, die nicht durch ein passendes Gegengeschäft abgesichert ist.

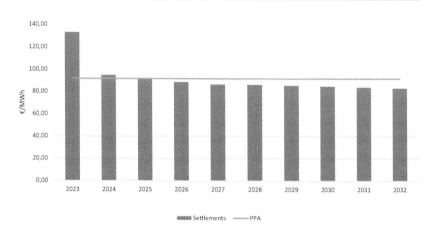

Abb. 1.6 Gleicher PPA-Preis über die Vertragslaufzeit

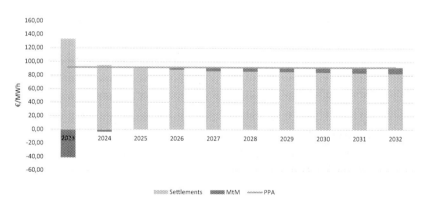

Abb. 1.7 MtM-Effekte bei einem Gesamtpreis

ermöglicht nicht in allen Fällen die Abbildung solcher Sachverhalte. Ähnliche Effekte treten auf, wenn es sich um realisierte Gewinne oder Verluste handelt.

Selbst wenn die formalen Rahmenbedingungen eine solche Ausgestaltung zuließen, fällt es in der Praxis schwer, die wirtschaftlichen Effekte über derart lange Zeiträume zu betrachten. Im Extremfall baut sich im ersten Jahr ein Verlust auf, der erst nach Ablauf mehrerer Jahre ausgeglichen wird. Andererseits fällt es den Verantwortlichen sicher auch schwer zuzusehen, wie ein größerer Gewinn im ersten Jahr nach und nach abschmilzt.

1.3 Anlagenart

Eine weitere Unterscheidung von PPAs erfolgt mit Blick auf die Art der Anlagen bzw. deren Alter. Auf der einen Seite werden PPAs abgeschlossen für Anlagen, die nach dem Auslaufen der Förderung gemäß EEG nicht mehr in der „geförderten Direktvermarktung" vermarktet werden, sondern dann im Rahmen der sonstigen Direktvermarktung. Diese Gruppe an Anlagen wird als „Ü20" oder „Post-EEG" bezeichnet, was auf den Zeitraum von 20 Jahren anspielt, für den eine Förderung gewährt wurde.

Auf der anderen Seite werden Verträge mit neu zu errichtenden Anlagen geschlossen. Hier wird auch von „Greenfield"[17]-PPAs gesprochen. Diese Anlagen werden von vornherein außerhalb der Förderung des EEG geplant. Nachstehend werden beide Gruppen anhand typischer Vertragsbestandteile gegenübergestellt (Tab. 1.2).

Die letzte Gruppe an Anlagen, für die PPAs eine Rolle spielen, beinhaltet Anlagen, die einen sog. Anzulegenden Wert haben, der in der Nähe der Marktpreise liegt. Damit kann ein Wechsel der Vermarktung vom Marktprämienmodell in die sonstige Direktvermarktung vorteilhaft sein, wenn über den PPA ein höherer Preis realisiert werden kann, als in der geförderten Direktvermarktung erwartet wird. Eine Vergütung zu Spotkonditionen ähnelt in ihrem Niveau dem Monatsmarktwert, da dieser das Spotpreisniveau als Preiskomponente beinhaltet. Damit kann ein wirtschaftlicher Vorteil meist nur über Festpreise erreicht werden. Die Herausforderung besteht dann darin, die Vorteilhaftigkeit eines konkreten Festpreises mit einem zukünftigem, erwarteten Preisniveau am Spotmarkt zu vergleichen. Dies sei hier der Vollständigkeit halber mit aufgeführt. Eine große Rolle spielt diese Gruppe gleichwohl nicht.

---

[17] In Abgrenzung zu Greenfield-Verträgen wird vereinzelt der Begriff „Brownfield" für Anlagen nach Auslaufen der Förderung verwendet. Diese Bezeichnung ist gleichwohl nicht allgemein verbreitet in der Branche.

Tab. 1.2 Gegenüberstellung beider Gruppen anhand typischer Vertragsbestandteile

Kriterium	Post EEG	Greenfield
Alter der Anlage	Anlagen in dieser Kategorie haben bereits ein Alter von 20 Jahren. Dementsprechend sind die technischen Risiken hier höher, die verbleibende Restlaufzeit der Anlagen ist deutlich kürzer, und auch unsicherer. Die Versorgung mit Ersatzteilen oder der Zugriff auf technische Expertise ist schwieriger.	Für Anlagen dieser Kategorie geben die Hersteller Garantien auf die Bestandteile, die wirtschaftliche und technische Laufzeit beträgt 20 Jahre und oft mehr. Die Risiken, dass eine Anlage ausfällt, sind geringer.
Übliche Vertragslaufzeit	Vor dem Hintergrund der Unsicherheiten über die verbleibende Lebensdauer der Anlagen schließen Betreiber meist nur Verträge über ein oder zwei Jahre ab.	Betreiber oder Projektierer solcher Anlagen benötigen einen PPA mit Laufzeiten von 10 oder mehr Jahren. Dies wird von Banken und Kapitalgebern im Rahmen solcher Projekte gefordert, um die Finanzierung mit einem Zahlungsstrom zu untermauern.

(Fortsetzung)

1.4   Liefer-Schemata

Als Möglichkeit zur Kategorisierung bietet sich weiterhin das vertraglich vereinbarte Lieferschema an. Im Rahmen von PPAs trifft man auf drei wesentliche Lieferschemata. Dabei handelt es sich um:

- as Produced
- as Forecasted
- spezifisches Lieferprofil

Das Schema „as produced" beinhaltet die Lieferung des gesamten Stromes, wie er in der Anlage produziert wird. Der Käufer des Stromes verpflichtet sich, den gelieferten Strom aufzunehmen. Der Betreiber der Anlage hat in diesem Schema die Sicherheit, allen produzierten Strom absetzen zu können.[18] Die durch

---

[18] Vgl. Leinert (2020), 14 f.

Tab. 1.2 (Fortsetzung)

Kriterium	Post EEG	Greenfield
Vergütung	Einige Betreiber in diesem Segment schließen Verträge ab, in denen eine variable Vergütung, konkret der Marktwert, vereinbart wird. Diese Art der Vergütung, also „Monatsmarktwert abzgl. Vermarktungsentgelt" ist aus der geförderten Direktvermarktung vertraut. Darüber hinaus werden Festpreise abgeschlossen.	Mit Blick auf die Notwendigkeit eines berechenbaren Zahlungsstroms aus der Vermarktung des Stroms werden in diesem Segment nahezu ausschließlich Festpreise angefragt.
Größe	Die Anlagen sind in diesem Segment meist klein. Im Jahr 2021 wurden nahezu ausschließlich Windenergieanlagen als Post-PPA vermarktet. Hier liegt die installierte Leistung bei 500 kW und mehr.	Aktuell werden als Greenfield-PPA meist nur Photovoltaik-Anlagen entwickelt. Es handelt sich dabei meist um Projekte mit rund 10 MW installierter Leistung, einige wenige Projekte werden mit größerer Kapazität geplant.

das Einspeiseverhalten entstehenden Schwankungen müssen durch den Käufer bewirtschaftet werden. Dieser trägt auch die Risiken aus der Ungenauigkeit der Prognosen.[19] Dieses Liefer-Schema findet bei Upstream-Verträgen vorrangig Anwendung. Es ist auch bei Direktvermarktungsverträgen üblich, und daher den Betreibern im Bereich der beschriebenen Post-EEG-Verträgen vertraut.

Wird im Vertrag das Schema „as forecasted" vereinbart, wird nicht das tatsächlich erzeugte Profil geliefert, sondern das prognostizierte Profil, konkreter das für den jeweiligen Folgetag prognostizierte Profil.[20] Diese Regelung findet sich eher in Downstream-Verträgen. Durch die Lieferung des prognostizierten Profils wird für den Abnehmer das Risiko der Ausgleichsenergie eliminiert. Damit rücken an dieser Stelle dann vertragliche Regelungen zur Güte der Prognose in den Vordergrund. Aus Sicht des Abnehmers spricht für dieses Lieferschema die bessere

---

[19] Diese schlagen sich in Kosten für Ausgleichsenergie nieder und werden als Erwartungswert bei der Preissetzung berücksichtigt.

[20] Vgl. Kyos (SAV).

Einbeziehbarkeit in die operativen Abläufe während der Lieferung. Der entsprechende Prognosewert wird durch den Dienstleister bzw. Lieferant so übermittelt, dass der Abnehmer dies bei der Erstellung seines Spotgebotes berücksichtigen kann.

Ebenfalls eher in Downstream-Verträgen anzutreffen sind spezifische Lieferprofile. Hier wird ein konkretes zu lieferndes Profil vereinbart. Dieses Profil kann beispielsweise ein Base-Band sein, das geliefert werden soll, oder ein anderes, im Vorfeld zwischen den Parteien abgestimmtes Profil. Eine solche Regelung erlaubt es dem Abnehmer, den zu liefernden Strom besser in das Portfolio zu integrieren.[21]

---

[21] Vgl. Leinert (2020), S. 15.

Einspeiseverhalten von Erneuerbaren Energien

2

Eine der wesentlichen Herausforderungen bei PPAs ist der Umgang mit dem Einspeiseverhalten der Anlagen. In Bezug auf Erneuerbare Energien wird oft auch von fluktuierender Erzeugung gesprochen. Der erzeugbare Strom ist abhängig vom Angebot an Wind oder Sonne. Anders formuliert, lässt sich die Produktion im Vorfeld nicht planen und im Zeitablauf auch nicht steuern. Lediglich im Rahmen von Abschaltungen kann man diese Einspeisung regulieren bzw. reduzieren. Die konstante Produktion einer bestimmten Leistung über einen längeren Zeitraum ist, im Gegensatz zu konventionell oder atomar betriebenen Kraftwerken, nicht möglich.

Abb. 2.1 zeigt eine typische Erzeugungskurve einer Windenergieanlage. Zum einen ist zu sehen, dass die Erzeugung sich im Laufe der Zeit ändert, eben fluktuiert. Andererseits sieht man typische Saisonalitäten. In den Wintermonaten ist die Erzeugung im Schnitt höher als in den Sommermonaten. Die hier abgebildete Kurve ist ein Erwartungswert, also eine erwartete zukünftige Einspeisekurve. Sie wird sich in der konkreten Form nicht während der Lieferung manifestieren. Die tatsächliche Produktion zeigt deutliche wetterbedingte Abweichungen von dieser Kurve.

Die Abhängigkeit vom Dargebot bei Photovoltaikanlagen zeigt Abb. 2.2 noch deutlicher.

Der Blick auf ein gesamtes Jahr zeigt erneut eine ausgeprägte Saisonalität. Im Winter ist die Produktion aus PV-Anlagen gering, da die Sonne nicht so lang scheint wie im Sommer. Allerdings verstellt diese Darstellung den Blick auf das Verhalten bei Tag und Nacht.

Betrachtet man nur einige Tage ist dieses Verhalten besser zu sehen.

Sehr gut zu sehen in Abb. 2.3, und natürlich auch einleuchtend, ist die Tatsache, dass PV-Anlagen in der Nacht keinen Strom produzieren können. Auch für

S. Schnorr, *Power Purchase Agreements*, essentials, https://doi.org/10.1007/978-3-658-37910-0_2

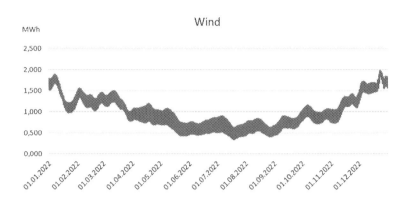

Abb. 2.1 Einspeisekurve einer Windenergieanlage

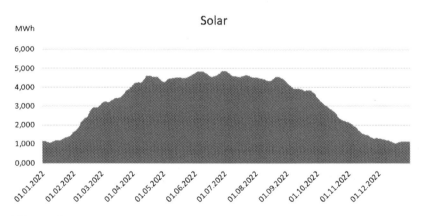

Abb. 2.2 Erzeugungskurve einer PV-Anlage

PV-Anlagen gilt, dass die tatsächliche Einspeisung um diese Erwartungswerte in Abhängigkeit von tatsächlicher Sonneneinstrahlung und Bewölkung schwankt.

Die beiden wesentlichen Herausforderungen sind somit zum einen die mangelnde Plan- und Steuerbarkeit der Erzeugung, zum anderen die im Betrachtungszeitraum schwankende Erzeugung.

Das hier beschriebene Produktionsverhalten ist bei PPAs an verschiedenen Stellen von Bedeutung. Es spielt bei der Bepreisung der Verträge eine Rolle,

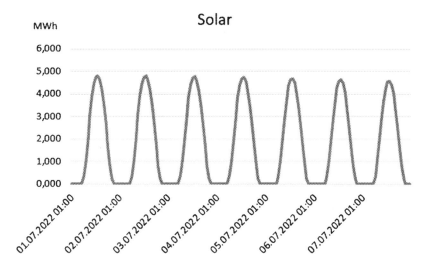

Abb. 2.3 Erzeugungskurve einer PV-Anlage

und bei der Absicherung der Mengen durch Standardhandelsprodukte. Diese beiden Aspekte werden im Folgenden noch einmal aufgegriffen. Weiterhin spielen diese Einspeiseprofile im Portfolio Management bei der laufenden Bewertung und Bewirtschaftung der Portfolien eine Rolle.

Bepreisung von PPA

Die beiden genannten Herausforderungen, mangelnde Planbarkeit der Erzeugung und stark schwankende Erzeugung stellen in der Bewertung und Bepreisung eine Herausforderung dar. Besonders für langlaufende PPA-Verträge gesellt sich hier eine dritte Herausforderung hinzu: die fehlende Möglichkeit zur Absicherung.

3.1 Grundsätzliches Bepreisungsschema

Das grundsätzliche Bepreisungschema für PPA-Verträge bezieht die genannten Punkte ein. In der Regel basieren PPA-Preise auf den Base-Preisen des jeweiligen Lieferjahres. Diese Base-Produkte sind im Vergleich zu anderen Produkten liquide bzw. liquider handelbar und werden daher als Preisreferenz herangezogen.

Wie bereits beschrieben wurde, produziert eine Windenergieanlage oder eine PV-Anlage abhängig vom Angebot des jeweiligen Energieträgers. Die Produktion entspricht nicht einem Baseband. Dieser Tatsache wird durch Berechnung des Profilwertes, oder Capture Rate, Rechnung getragen. Dies wird in Punkt 3.3 weiter vertieft.

Die grundsätzlich schwer planbare Produktion wird u. a. durch Risikoabschläge berücksichtigt.

Darüber hinaus entstehen den Dienstleistern Kosten durch Marktzugänge, operative Kosten und Ausgleichsenergie, die, wie in Abb. 3.1, zu Vermarktungskosten zusammengefasst werden.

Das hier im Grundsatz beschriebene Vorgehen bezieht sich auf eine Bepreisung auf Basis von Terminmarktpreisen. Ein weiteres mögliches Vorgehen wäre,

© Der/die Autor(en), exklusiv lizenziert an Springer Fachmedien Wiesbaden GmbH, ein Teil von Springer Nature 2022
S. Schnorr, *Power Purchase Agreements*, essentials,
https://doi.org/10.1007/978-3-658-37910-0_3

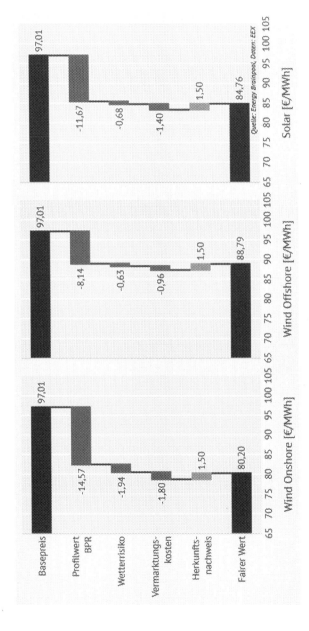

Abb. 3.1 Preisbeispiele für PPA[1]

[1] Energy Brainpool (2021).

den Preis aus einem Gegengeschäft[2] zu bestimmen. Die Aufgabe des Dienstleisters besteht dann darin, beide Seiten – Lieferant des PPAs auf der einen Seite und Abnehmer auf der anderen Seite – zur Übereinstimmung zu bringen. Dieses Vorgehen ist ungleich komplexer, da vor der Verhandlung eines Preises passende Vertragspartner gefunden werden müssen, die gleiche Vorstellung in Bezug auf die Menge, die Laufzeit und alle weiteren wesentlichen Elemente des Vertrages haben.

3.2 Ermittlung von Einspeiseprofilen

Als eine wesentliche Herausforderung beim Umgang mit Power Purchase Agreements wurde die mangelnde Planbarkeit der Einspeisung genannt. Dieser begegnet man in der Praxis im Wesentlichen durch drei Punkte:

- Ermittlung einer durchschnittlichen Produktion aus historischen Werten und Ausrollen auf die zukünftigen Lieferjahre
- Berücksichtigung von Degradationseffekten
- Erhebung von Risikoaufschlägen

Viele der Dienstleister, die PPA anbieten, haben bereits Erfahrungen in der Direktvermarktung gesammelt und verfügen daher über historische Einspeisewerte von Erzeugungsanlagen. Aus den so vorhandenen Daten kann ein mittleres oder durchschnittliches Einspeiseprofil für Windenergie- und PV-Anlagen ermittelt werden, welches dann auf die zukünftigen Jahre ausgerollt oder übertragen wird. Ist die Datenmenge ausreichend groß, können die Profile weiter verfeinert werden, in dem diese zum Beispiel regional ermittelt werden.

Degradationseffekte geben die jährliche Reduktion der technischen Leistungsfähigkeit an. Insbesondere bei PV-Anlagen ist dieser Rückgang der Kapazität im Zeitablauf zu beobachten. Ertragsgutachten weisen in einigen Fällen[3] diesen Effekt aus, sodass diese bei der erwarteten Einspeisung berücksichtigt werden kann.

Zusätzlich zu den beiden genannten Punkten werden in der Bewertung Risikozuschläge berücksichtigt, die die Risiken aus den beiden eingangs genannten Punkten abdecken sollen. Hier stehen die Dienstleister vor der Herausforderung,

---

[2] Siehe hierzu Abschn. 1.2.
[3] Vgl. JERA (2018), S. 21.

Erfahrungswerte aufzubauen. Auch wenn bereits Erfahrungen aus der Direktvermarktung existieren, sind diese nicht zu 100 % übertragbar. PPA werden, wie in Punkt 2 beschrieben, entweder für Anlagen abgeschlossen, die aus der EEG-Förderung fallen oder für Greenfield-Projekte. Im ersten Fall handelt es sich um Anlagen, die ein Alter von 20 Jahren erreicht haben. Das Risiko für technische Ausfälle steigt, da die Komponenten ihre technische Lebensdauer erreicht haben. Dazu kommen unter Umständen noch Probleme bei der Ersatzteilversorgung, wenn Hersteller mittlerweile nicht mehr existent sind. Für diese Aspekte liegen bisher noch keine Erfahrungswerte vor.

Im zweiten Fall werden Verträge mit mehrjähriger Laufzeit angestrebt. In der Direktvermarktung sind Verträge über kürzere Laufzeiten üblich. Darüber hinaus werden Entgelte in der Regel einmal jährlich überprüft und, falls notwendig, angepasst. In PPA-Verträgen besteht meist keine Möglichkeit, die Entgelte bzw. den Preis jährlich anzupassen, daher müssen die Risiken bereits bei Vertragsabschluss berücksichtigt werden, was in der Form in der Direktvermarktung nicht üblich ist.

3.3 Capture Rates

Mit dem Erstellen der durchschnittlichen Einspeiseprofile und deren Ausrollen existiert erst einmal nur ein Mengengerüst, das in die Bewertung einfließen kann. Eine Bepreisung ist auf dieser Basis jedoch noch nicht möglich. Zum einen muss berücksichtigt werden, dass die tatsächliche Produktion von den Profilen abweicht. Dies wurde eingangs als Wetterrisiko beschrieben. Zum anderen ist es nicht zielführend, Erzeugungsprofile im Stunden- oder gar Viertelstundenraster explizit zu bepreisen. Derart konkrete Profile bzw. „Fahrpläne" müssen stets individuell bepreist werden, was aufgrund der Unsicherheit der Einspeisung hier nicht zielführend ist. Jeder Händler hat unterschiedliche Ansichten über die diesen Fahrplänen innewohnenden Risiken und preist daher unterschiedliche Auf- bzw. Abschläge ein. Solche Preise sind daher nicht über mehrere Händler vergleichbar. Für die Bepreisung von PPA wird aus diesem Grund ein anderes Verfahren angewandt.

Als Ausgangspunkt für die Bepreisung werden in der Regel die Settlements der EEX herangezogen. Dies hat zwei Gründe. Zum einen sind die Settlements transparent. Sie sind auf der Seite der EEX, eex.com, jederzeit abrufbar. Darüber hinaus sind diese Preise liquide. Das heißt, Dienstleister können die an der EEX gelisteten Produkte mit geringstem Aufwand handeln und so Geschäfte absichern. Dies spielt insbesondere dann eine Rolle, wenn der Preis eines PPAs über den Terminmarkt abgesichert wird. Der zweite Grund ist, dass insbesondere Abnehmer von PPA die Möglichkeit haben, Stromlieferungen ohne Bezug von regenerativ erzeugtem Strom zu vereinbaren, die sich preislich an den Settlements orientieren. Solche Geschäfte sind, da die Produkte eben liquide handelbar sind, ebenfalls mit geringem Aufwand und aufgrund des Wettbewerbes auch mit niedrigen Kosten abschließbar. Damit bilden diese Lieferung mit sog. „Graustrom" immer die mögliche Alternative zu einem Strombezug im Rahmen eines PPAs. Faktisch ermitteln Abnehmer ihre Zahlungsbereitschaft für die besondere, nämlich „grüne" Eigenschaft der Stromlieferung im Rahmen eines PPA im Vergleich zu einer „regulären" Strombelieferung.

Maßgeblich für zukünftige Lieferpreise sind in aller Regel, wie gerade dargestellt wurde, die Preise für die entsprechenden Base-Produkte. Diese werden liquide gehandelt bzw. werden transparent im Rahmen der Settlements der EEX bepreist. Die Settlements sind auf der Seite der EEX einsehbar bzw. werden von Dienstleistern, die über entsprechende Vendoren-Verträge verfügen, bereitgestellt.

Doch wie verbindet man nun den Preis eines Baseproduktes[4] eines bestimmten Lieferjahres mit der erwarteten Erzeugung einer PV-Anlage oder Windenergieanlage in diesem Jahr? Hier greift man in der Praxis auf sogenannte „capture rates", oder auch Profilwertfaktoren zurück. Diese geben an, welchen Wert die Einspeisung einer Anlage in Relation zum jeweiligen Baseprodukt hat. Um dies zu bestimmen, greift auf die Spotpreise zurück. Mit diesen Spotpreisen kann der Wert der Einspeisung einer Anlage bestimmt werden. Dies sei an einem Beispiel verdeutlicht (Tab. 3.1).

Tab. 3.1 zeigt die Spotpreise des 01. Juli 2018 in der ersten Spalte. Die zweite Spalte zeigt Einspeisewerte einer PV-Anlage. In der dritten Spalte kann man nun den Wert der Einspeisung in jeder Stunde über die Multiplikation der Spotpreise und der Produktionswerte bestimmen. Der Wert der gesamten Produktion an diesem Tag beträgt somit 939,49 €. Dividiert man diesen Wert durch die gesamte Produktion des Tages in Höhe von 42,440 MWh, erhält man den spezifischen Wert der Einspeisung. Dieser beträgt für unser Beispiel 22,14 €/MWh. Der Mittelwert der Spotpreise aller Stunden beträgt 28,92 €/MWh. Dies entspricht dem Basepreis dieses Tages. Setzt man nun beide Werte, den spezifischen Wert der Produktion und den Basepreis, ins Verhältnis, ergibt sich ein Wert von 76,6 %. Dies entspricht der Capture Rate. Der Wert der Produktion der PV-Anlage entspricht an diesem Tag 76,6 % des Basepreises.

Was hier an einem Beispiel verdeutlich wurde, wird in der Praxis natürlich über längere Zeiträume und mit deutlich mehr Anlagen vorgenommen. Das

---

[4] Eine Beschreibung der Produkte Base und Peak findet sich in Schnorr (2019).

Tab. 3.1 Wert der Einspeisung einer Anlage

	Spotpreis in €/MWh	Produktion in MWh	Wert der Produktion in €
01.07.2018 01:00	33,30	0,000	0
01.07.2018 02:00	26,42	0,000	0
01.07.2018 03:00	26,11	0,000	0
01.07.2018 04:00	22,12	0,000	0
01.07.2018 05:00	23,42	0,000	0,01
01.07.2018 06:00	21,44	0,053	1,14
01.07.2018 07:00	23,43	0,380	8,91
01.07.2018 08:00	29,37	1,075	31,57
01.07.2018 09:00	29,98	2,054	61,59
01.07.2018 10:00	26,08	3,061	79,83
01.07.2018 11:00	20,71	3,891	80,59
01.07.2018 12:00	20,75	4,458	92,49
01.07.2018 13:00	21,02	4,755	99,95
01.07.2018 14:00	16,66	4,807	80,08
01.07.2018 15:00	14,01	4,638	64,97
01.07.2018 16:00	16,28	4,217	68,66
01.07.2018 17:00	19,04	3,551	67,61
01.07.2018 18:00	28,37	2,683	76,12
01.07.2018 19:00	42,19	1,705	71,94
01.07.2018 20:00	48,37	0,830	40,14
01.07.2018 21:00	49,67	0,259	12,87
01.07.2018 22:00	46,28	0,022	1,02
01.07.2018 23:00	48,04	0,000	0
02.07.2018 00:00	41,00	0,000	0
Mittelwert	28,92		
Summe		42,440	939,49

Ergebnis ist eine durchschnittliche historische Capture Rate. Diese wird in der Regel für jede Technologie, Solar, Wind Onshore und Wind Offshore, ausgewiesen. Zu dieser historischen Capture Rate kommen dann noch Annahmen zu den zukünftigen Ausbaupfaden der Technologien. Der Zubau von Anlagen in den nächsten Jahren im Zusammenspiel mit den konventionellen Erzeugungsanlagen beeinflusst die natürlich auch die Preisstruktur und damit die Capture Rates.[5] Die zukünftigen Capture Rates spiegeln die Annahmen zu den Ausbaupfaden und deren Auswirkungen auf die Preise wieder.

Die Bewertung eines PPA erfolgt an der Stelle dann über die Gleichung:

$$PPA - Preis = Capture\ Rate * Base$$

Am Beispiel der bereits ermittelten Capture Rate und unter der Verwendung des Settlements für Base cal2022 von 79,27 €/MWh (Stand 20.08.2021) ergäbe sich für einen PPA für das Lieferjahr 2022 folgender Preis

$$PPA_{2022} = 76,6\ \% * 79,27\ €/MWh$$

$$PPA_{2022} = 60,72\ €/MWh$$

Die Ermittlung der Capture Rate basiert auf dem Wert der historischen Einspeisung anhand der historischen Spotpreise. Für die Zukunft liegen diese Spotpreise noch nicht vor, daher wird in der Regel der Basepreis in dem betreffenden Lieferjahr als Bewertungsmaßstab herangezogen. Die Einspeisung aus einer EE-Anlage erfolgt auch, bei PV-Anlagen sogar überwiegend, in den Peakstunden. Dies soll das nachstehende Beispiel für Montag, den 02.07.2018 einmal verdeutlichen.

In Tab. 3.2 ist die gleiche PV-Anlage dargestellt, anhand der die Ermittlung der Capture Rate beschrieben wurde. Die hervorgehobenen Stunden sind die Peak-Stunden, wochentags von 8 Uhr bis 20 Uhr. In Abgrenzung dazu werden die übrigen Stunden als Offpeak bezeichnet, während Base alle Stunden des Tages erfasst. Insbesondere PV-Anlagen produzieren naturgemäß während des Tages und hauptsächlich in den Peakstunden. Hier im Beispiel entstehen mit reichlich 40 MWh rund 95 % der Produktion in den Peakstunden. Mit 1.966,76 € wird auch rund 95 % des monetären Wertes für diesen Tag in den Peakstunden generiert.

---

[5] Enervis (capture rates).

Tab. 3.2 Ermittlung der Capture Rate

	Spotpreis in €/MWh	Produktion in MWh	Wert der Produktion in €
02.07.2018 01:00	36,81	0,000	0
02.07.2018 02:00	38,06	0,000	0
02.07.2018 03:00	38,06	0,000	0
02.07.2018 04:00	38,03	0,000	0
02.07.2018 05:00	38,08	0,000	0,01
02.07.2018 06:00	39,07	0,052	2,01
02.07.2018 07:00	49,49	0,375	18,56
02.07.2018 08:00	55,95	1,065	59,58
02.07.2018 09:00	54,92	2,039	112,01
02.07.2018 10:00	52,14	3,043	158,68
02.07.2018 11:00	49,48	3,873	191,64
02.07.2018 12:00	48,03	4,441	213,32
02.07.2018 13:00	46,86	4,740	222,11
02.07.2018 14:00	43,56	4,792	208,75
02.07.2018 15:00	44,46	4,624	205,6
02.07.2018 16:00	46,69	4,205	196,31
02.07.2018 17:00	49,49	3,539	175,15
02.07.2018 18:00	52,13	2,673	139,36
02.07.2018 19:00	55,38	1,699	94,1
02.07.2018 20:00	60,18	0,826	49,73
02.07.2018 21:00	59,02	0,257	15,18
02.07.2018 22:00	54,96	0,021	1,18
02.07.2018 23:00	54,50	0,000	0
03.07.2018 00:00	48,29	0,000	0
Summe Peak		40,496	1.966,76
Summe Offpeak		1,770	96,52
Summe Base		42,267	2.063,28

Für Windenergieanlagen ergibt sich aufgrund der anderen Verteilung des Dargebotes ein differenzierteres Bild. Aufgrund der nachstehend näher beschriebenen preislichen Unterschiede zwischen Peak und Base spielt diese Betrachtung für Wind dennoch eine große Rolle.

Da am Terminmarkt die Peak-Produkte in aller Regel weniger liquide gehandelt werden, werden diese, zumindest als Preisreferenz in einer Preisformel in die Bewertung eines PPAs kaum mit einbezogen. Das Verhalten der Peak-Preise im Vergleich zu den Basepreisen muss bei der Ermittlung der Capture Rate gleichwohl berücksichtigt werden. Dies folgt zum einen aus dem gerade beschriebenen Fakt, dass insbesondere PV-Anlagen in den Peakstunden produzieren. Zum anderen weichen die Preise am Terminmarkt für Base- und Peakprodukte zum Teil deutlich voneinander ab. Um beiden Punkten Rechnung zu tragen, wird in der Bewertung von PPAs entweder der Base-Peak-Spread oder das Base-Peak-Ratio herangezogen. Der Spread beschreibt die Differenz zwischen beiden Werten. Wurden die Settlements für Base 2022 am 23.12.2021 bei 271,33 €/MWh und für Peak bei 356,03 €/MWh festgestellt, ergibt sich ein Base-Peak-Spread von 84,07 €/MWh. Das Peak-Base-Ratio liegt dann bei rund 1,31. Da sich die Settlements von Tag zu Tag ändern, ändert sich auch das Peak-Base Ratio (Abb. 3.2).

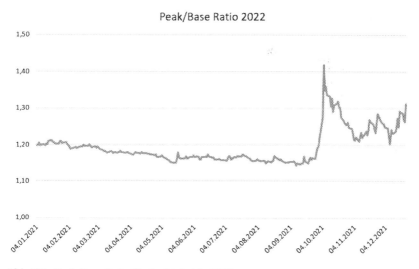

Abb. 3.2 Peak-Base-Ratio für das Lieferjahr 2022

Dienstleister, die als Ankäufer von PPA-Verträgen am Markt auftreten, lassen ihre Annahmen zu der Entwicklung des Peak-Base-Ratios in die Ermittlung der zukünftigen Capture Rates einfließen. Dazu werden Analysen über preisbeeinflussende Faktoren und deren zukünftiger Entwicklung erstellt. Das bereits zitierte Beispiel einer PV-Anlage macht deutlich, dass an der Stelle auch Annahmen über die zukünftigen Ausbaupfade der Erneuerbaren Energien getroffen und in die Bewertungen aufgenommen werden müssen. Hier sei kurz der Effekt der sogenannte Kannibalisierung erwähnt. Ein anhaltender Zubau speziell im Bereich der Photovoltaik würde das Stromangebot in den Peakstunden erhöhen. Bleibt das Nachfrageverhalten unverändert, führt das zu einem Sinken der Preise in diesen Zeitbereichen.[6] Aus diesem Grunde müssen Annahmen zu den Ausbaupfaden berücksichtigt werden.

3.4   Individuelles Profil

Die Ermittlung der Capture Rate basiert auf einem allgemeingültigen Einspeiseprofil. Sie bildet die betrachtete Technologie, Wind oder PV, im bundesweiten Mittel ab. Eine konkrete Anlage liefert ein individuelles Profil, nicht den der Capture Rate zugrunde liegenden Durchschnitt. Dieser Tatsache muss durch eine entsprechende Anpassung Rechnung getragen werden. Diese kalkulatorische Anpassung erfolgte auch bereits in der Direktvermarktung. Dienstleister haben dann einen „Marktwertnachteil" oder einen „Marktwertvorteil" errechnet. Das dahinterstehende Vorgehen wird bei PPAs analog angewendet, der Begriff „Marktwertnachteil" bzw. „-vorteil" findet hier ebenfalls Anwendung.

Die zu kalkulierende Anpassung kann entweder in der Capture Rate berücksichtigt werden, sie hätte dann den Charakter eines prozentualen Faktors. Oder sie kann als weiterer Bestandteil der Bewertung eingeführt werden und wird dann als Zu- oder Abschlag in Euro je MWh ausgewiesen. Aus der Erfahrung in der Direktvermarktung[7] wird diese Anpassung in den meisten Fällen als Zu- bzw. Abschlag ausgewiesen.

Der Preis ermittelt sich dann nach Ermittlung der Capture Rate und der Bewertung der anlagenindividuellen Abweichung wie folgt:

---

[6] Siehe BDEW (2021), S. 8.

[7] In der Direktvermarktung wird in aller Regel der entsprechende Monatsmarktwert ausgezahlt. Der Vermarkter erhält ein Entgelt in Euro je MWh, welches alle Kostenbestandteile zusammenfasst.

$$\text{PPA} - \text{Preis} = \text{Capture Rate} * \text{Base} - \text{Abschlag bzw.}$$

$$\text{PPA} - \text{Preis} = \text{Capture Rate} * \text{Base} + \text{Zuschlag}$$

Beträgt die Abweichung einer konkreten EE-Anlage vom Durchschnittsprofil beispielsweise $-0{,}45$ €/MWh, so ergibt sich der Preis

$$\text{PPA}_{2022} = 76{,}6\,\% * 79{,}27\,\text{€/MWh} - 0{,}45\,\text{€/MWh}$$

$$\text{PPA}_{2022} = 60{,}27\,\text{€/MWh}$$

Die Lieferung des Stromes erfolgt im Rahmen der sonstigen Direktvermarktung. In dieser Vermarktungsform können Herkunftsnachweise (HKN) für den erzeugten Strom ausgestellt werden. Diese HKN werden in der Regel vom Dienstleister zusammen mit dem Strom erworben. Das zu zahlende Entgelt für die HKN wird ebenfalls in dem genannten Abschlag berücksichtigt. Da hier ein zusätzlicher Erlösbestandteil vorliegt, der Erzeuger ein Entgelt für die zu übertragenden HKN erhält, verbessert dieser Bestandteil den an den Erzeuger zu zahlenden Preis.

Zusätzlich zu den individuellen Anpassungen aufgrund des Einspeiseprofils und den HKN werden weitere Kosten, insbesondere die erwartete Ausgleichsenergie, und Risikozuschläge eingepreist und ebenfalls im Abschlag berücksichtigt.

Verallgemeinert errechnet sich der PPA-Preis eines Lieferjahres n gemäß folgender Berechnung:

$$\text{PPA}_n = \text{Capture Rate}_n * \text{Base}_n - \text{Abschlag}_n$$

Je nach Höhe der einzelnen Bestandteile im Abschlag kann dieser in Summe zu einer Verringerung des zu zahlenden Entgeltes führen, also, wie beschrieben, negativ in die Berechnung eingehen. Es sind durchaus Fälle denkbar, in denen die Abweichung vom Durchschnittsprofil die Werthaltigkeit des individuellen Profils steigert. Zusammen mit dem Entgelt für die HKN führt das dann zu einem Zuschlag.

Die Bewertung eines PPA aus Sicht eines Lieferanten, eines Downstream-PPA, folgt im Wesentlichen dem gleichen Vorgehen. Im Grundsatz werden die gleichen Elemente eingepreist, ggf. mit einem anderen Vorzeichen. Beispielsweise reduziert die Marge den zu zahlenden Preis in einem Upstream-PPA, erhöht dann aber den Preis, der für einen Downstream-PPA vereinbart wird. Die Preise in Downstream-Verträgen werden meist in einer anderen Form angegeben. Die

Preisformel hat dann die Form

$$PPA_n = Capture\ Rate_n * Base_n + HKN_n\ bzw.$$

$$PPA_n = Base_n + HKN_n$$

Preisbasis ist nach wie vor der Basepreis für das betrachtete Lieferjahr. Die übrigen Entgeltbestandteile werden in einem Aufschlag für Herkunftsnachweise zusammengefasst. Die Angabe des Preises in dieser Form trägt der Tatsache Rechnung, dass die Vergleichsbasis für einen Abnehmer in einem solchen Vertrag der Bezug von Graustrom und der Erwerb von Herkunftsnachweisen darstellt. Da die Herkunftsnachweise die grüne Eigenschaft übertragen, sind beide Varianten – PPA und Graustrom mit HKN – formell vergleichbar.

3.5   Zukünftige Basepreise

Über die ermittelten Capture Rates können die Preise für PPAs für die zukünftigen Jahre anhand der veröffentlichten Settlementpreise ermittelt werden. Seit September 2021 stellt die EEX Settlements für die jeweils kommenden 10 Lieferjahre zur Verfügung. Mit diesen Settlements und dem beschriebenen Vorgehen lassen sich die Preise eines PPAs in diesen Lieferjahren berechnen.

Werden Laufzeiten von mehr als 10 Jahren angefragt, muss der Dienstleister zusätzlich zu den bereits beschriebenen Schritten noch einen Basepreis für die Jahre ableiten, in denen kein Settlement vorliegt.[8] Hier kann man sich auf Analysen von spezialisierten Dienstleistern[9] stützen, oder eine eigene Meinung entwickeln.

---

[8] Vor der Einführung der Settlements für die folgenden 10 Lieferjahre stellte die EEX Settlements für jeweils die folgenden 6 Jahre zur Verfügung. Die Notwendigkeit, Basepreise abzuleiten, bestand damit für alle angefragten Laufzeiten, die über die gesettelten Perioden hinausgingen. Die damit verbundenen Herausforderungen und Unsicherheiten waren ein Grund für die EEX, die Settlements auszudehnen.

[9] www.pexapark.com/pexaquote als ein Beispiel.

Auch nach Abschluss eines PPA-Vertrages, somit während der Belieferung, gibt es Besonderheiten, die diese Art von Lieferverträgen von herkömmlichen Verträgen unterscheiden. In diesem Abschnitt werden einige Aspekte skizziert, die auf Abnehmerseite und auf Seiten von Dienstleistern während der Bewirtschaftung zu beachten sind. Für Lieferanten bietet in aller Regel die Erfüllung des PPA-Vertrages kaum operative Herausforderungen, da der Dienstleister oder Abnehmer allen produzierten Strom aufnimmt.

4.1 Abnahme eines PPA

Abnehmer bzw. Offtakers eines PPAs müssen, konkret wenn es sich nicht um Dienstleister oder Händler handelt, den im Rahmen des PPAs gelieferten Strom in ihren gesamten Strombezug integrieren. Als Abnehmer von PPAs kommen meist große Industriebetriebe oder Unternehmen mit großer Stromnachfrage in Betracht.[1]

In den meisten Fällen erfolgt die Belieferung mit Strom im Rahmen einer Vollversorgung. Der Versorger liefert den gesamten vom Abnehmer benötigten Strom. Damit trägt der Versorger auch das Risiko kurzfristiger Mengenabweichungen.

In aller Regel werden Endabnehmer einen Vertrag so abschließen, dass die Menge des im PPA pro Jahr gelieferten Stromes den Gesamtverbrauch dieses Jahres nicht übersteigt. Bei einem erwarteten Jahresverbrauch von beispielsweise 350 GWh kann eine PPA-Menge von 80 GWh pro Jahr also aufgenommen werden. Wäre dies nicht der Fall, müsste mit dem Vorlieferanten ein entsprechender

---

[1] Statkraft hat PPAs u. a. mit der Deutschen Bahn und OPTERRA abgeschlossen. Vgl. Statkraft (2021a) und (2021b).

S. Schnorr, *Power Purchase Agreements*, essentials,
https://doi.org/10.1007/978-3-658-37910-0_4

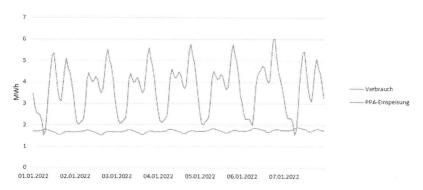

Abb. 4.1 Partielle Überspeisung bei einem PPA-Bezug

Vertrag existieren, der den Rückverkauf der nicht benötigten Strommengen regelt. Dies ist grundsätzlich durchaus darstellbar, ist in dieser Form jedoch nicht immer in den Verträgen und in den aufseiten des Lieferanten eingesetzten Systemen vorgesehen und wird daher in der Praxis selten umgesetzt. Diese Betrachtung wird nicht nur für die gesamte Lieferperiode angestellt, sondern erfolgt auch bis auf die Ebene der Stunden oder Viertelstunden.

Das wird an einem Beispiel verdeutlicht. In Abb. 4.1 wird ein prognostizierter Verbrauch einem erwarteten Bezug von Strom aus einem PPA, hier Wind, gegenübergestellt. In dem hier aufgeführten Beispiel übersteigt der erwartete Verbrauch in dem dargestellten Zeitraum die Summe des prognostizierten über den PPA einzuspeisenden Strom. In zwei Perioden käme es gleichwohl zu einer Überspeisung. Es müsste Strom an den Lieferanten zurückverkauft werden. Es wird aus den bereits oben genannten Gründen sichergestellt, dass in keiner Periode mehr Strom über den PPA bezogen wird, als der Verbrauch beträgt.

Anzustreben ist somit eine Situation, in der in allen Perioden der erwartete Verbrauch das Liefervolumen des PPA übersteigt. Eine solche Situation wird in Abb. 4.2 dargestellt.

Eine solche Betrachtung erfolgt auf Basis der Prognosen der kommenden Lieferperioden. Ein entsprechender Puffer für Änderungen, oder die Möglichkeit, Verträge ggf. anzupassen, muss implementiert werden.

Der Offtaker im Rahmen eines PPA muss eine solche Teilbelieferung durch einen PPA mit seinem Vorlieferanten vertraglich vereinbaren. Der Lieferant muss die Strommengen in seinem Bilanzkreis aufnehmen und der Belieferung an den Industriekunden zuordnen (Abb. 4.3).

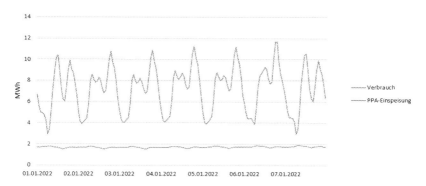

Abb. 4.2 PPA-Bezug ohne Überspeisung

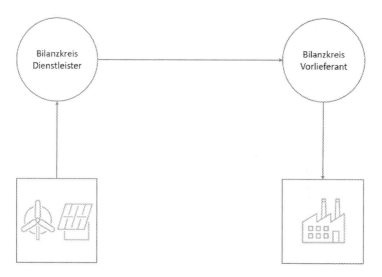

Abb. 4.3 Schema PPA-Lieferung über BLK des Vorlieferanten

Die Aufnahme des im Rahmen des PPA zu liefernden Stromes wird den Preis, den der Lieferant in Rechnung stellt, verändern.

Zum einen ergeben sich operative Tätigkeiten, die der Lieferant übernehmen muss und welche Kosten verursachen. Dazu gehören zum Beispiel der tägliche Erstellung und Abgleich der Fahrplananmeldungen auf Ebene des Bilanzkreises.[2]

Der laufende Prozess eines Lieferanten beinhaltet darüber hinaus täglich die Erstellung der Prognose der am kommenden Tag zu liefernden Strommengen. Die so ermittelten Liefermengen fließen in das tägliche Spotgebot ein. Das Orderbuch der EPEX für die Spotauktion wird 12.00 Uhr geschlossen. Damit existiert ein Zeitpunkt, bis zu dem alle vorbereitenden Arbeiten ausgeführt werden müssen. In diese Prognose müssen die Mengen des PPAs einbezogen werden. Es muss somit sichergestellt werden, dass rechtzeitig eine Prognose für diese Mengen vorliegt.[3] Diese wird in der Regel von einem Dienstleister erstellt, der den Strom aus der Anlage im Rahmen eines Upstream-PPA abkauft und weiterverkauft.

An der Stelle ist weiterhin zu beachten, dass Lieferverträge in der Regel für ein oder zwei Jahre geschlossen werden. Die Laufzeiten für PPAs sind in der Regel länger. Als Abnehmer im Rahmen eines solchen PPAs muss bei einem Wechsel des Versorgers die Teil-Belieferung durch den PPA erneut vereinbart werden.

Nicht zuletzt verändert die Belieferung durch den PPA die zu liefernde Menge. Da sich noch dazu die Struktur ändert, werden sich die Kosten der Versorgung ändern. Alle Kostenbestandteile, denen ein konkreter Betrag in Euro gegenübersteht, werden auf eine kleinere Menge umgelegt. Damit steigt der spezifische Preis in Euro je MWh.

Der Wert der zu liefernden Menge als solcher ändert sich ebenfalls. Dabei kann die Struktur des im Rahmen des PPAs zu liefernden Stromes den Wert der Lieferstruktur verbessern oder verschlechtern, abhängig von der erwarteten Lieferstruktur, der erwarteten PPA-Struktur und den erwarteten Preisen.

4.2 Bewirtschaftung eines PPA

Der Umgang mit PPAs ist für Dienstleister, die sowohl als Vertragspartner für Upstream- als auch für Downstream-Verträge agieren, komplexer. Nachstehend werden einige Aspekte angesprochen.

An vielen Stellen wurde hier bereits Bezug genommen auf das Base-Produkt. Im Folgenden wird dieser Bezug noch einmal beschrieben.

---

[2] Dies ist grundsätzlich im Bilanzkreisvertrag geregelt.

[3] An der Stelle muss auch geregelt werden, welche Seite die Kosten für die Abweichungen der tatsächlichen Produktion von der Prognose trägt.

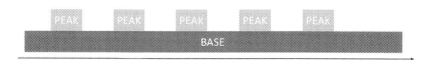

Abb. 4.4 Lieferschema Base und Peak

Tab. 4.1
Base-Jahreskontrakte

Lieferjahr	Volume Exchange
2022	3.810.600
2023	1.252.680
2024	395.280
2025	70.080

Der Handel am Strommarkt findet grundsätzlich in 2 Produkten statt – Base und Peak. Spricht man von Base oder von einem Baseband, so ist damit die Lieferung einer konkreten Leistung, von 0 Uhr bis 24 Uhr, und das jeden Tag gemeint. Am Großhandelsmarkt werden die Produkte in aller Regel in Vielfachen von einem Megawatt gehandelt. Das zweite Produkt ist Peak. Dies umfasst Lieferungen an Wochentagen von 8.00 Uhr bis 20:00 Uhr (Abb. 4.4).[4]

Am Terminmarkt für Strom können mehrere Lieferjahre gehandelt werden. Die größte Aufmerksamkeit richten die Händler in aller Regel auf das kommende Lieferjahr, das Frontjahr. Die weiter hinten liegenden Lieferjahre werden zunehmend weniger gehandelt. Die Liquidität nimmt ab. Auf ihrer Website veröffentlicht die EEX neben den ermittelten Settlements unter anderem auch das „Volume Exchange", also die Mengen, die für das jeweilige Lieferjahr gehandelt wurde.[5] Für den Handelstag 15.12.2021 werden für die Base-Jahreskontrakte folgende Werte in Tab. 4.1 ausgewiesen.

Das größte Volumen wurde im Lieferjahr 2022, zu dem Zeitpunkt das Frontjahr, gehandelt. Die folgenden Lieferperioden weisen sukzessive geringere Volumen aus.

Für die Bewirtschaftung eines PPAs hat dies große Auswirkungen. Wenn ein Dienstleister selbst als Vertragspartner in den PPA eintritt, wird er den Preis, den er für den aufzunehmenden Strom zahlt, am Terminmarkt absichern. Im Idealfall kann die Menge aus dem PPA mit entsprechenden Terminprodukten in den

---

[4] Eine detailliertere Beschreibung findet sich in Schnorr (2019).

[5] Siehe eex.com.

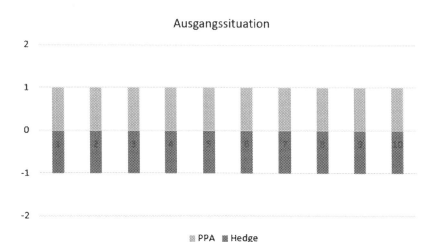

Ausgangssituation

Abb. 4.5 Initialer Hedge

jeweiligen Lieferjahren abgesichert werden. Die am Terminmarkt gehandelten Mengen entsprechen somit in jedem Jahr dem erwarteten Liefervolumen. Diese Ausgangssituation wird in Abb. 4.5 beschrieben.

Auch wenn die EEX Settlements für die kommenden 10 Jahre anbietet und somit eine Preisreferenz vorhanden ist, werden die nicht alle Produkte liquide gehandelt. Insbesondere in den hinteren Jahren findet ein Handel nur sporadisch, oder bei den Jahren 7 bis 10 gar nicht statt. Wenn kein Handel in den Produkten erfolgt, fehlen den Händlern die Möglichkeiten, die entsprechenden Produkte tatsächlich abzuschließen und sich so gegen die Preisrisiken abzusichern. Findet ein Handel statt, aber mit geringer Liquidität, dann weichen die tatsächlich gehandelten Preise stärker von den Settlements ab, als in den liquiden Perioden. Händler müssten also für diese erwartete Unsicherheit Risikoaufschläge einkalkulieren, wenn sie mit diesen Produkten arbeiten wollen.

Zur Absicherung eines PPAs nutzen die Dienstleister somit vorzugsweise die liquide gehandelten Produkte.

Die größte Liquidität hat stets das Frontjahr. Die beiden darauffolgenden Lieferjahre sind erfahrungsgemäß auch mit ausreichender Liquidität handelbar. Ein rollierender Hegde könnte somit initial wie hier in der Abb. 4.6 dargestellt aufgebaut werden. Die erwartete Liefermenge aus den Jahren 1–10 wird mit Terminhandelsprodukten in den Jahren 1 bis 3 abgesichert. Es werden, aus

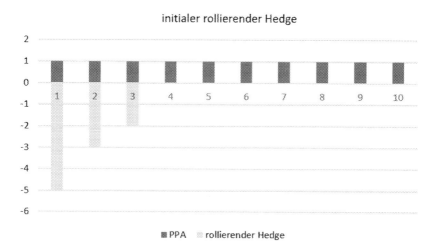

Abb. 4.6 Aufbau eines rollierenden Hedge

den eben beschriebenen Gründen, keine Terminprodukte für die Jahre 4 bis 10 gehandelt. Natürlich soll die Summe der in den Jahren 1 bis 3 gehandelten Produkte der gesamten erwarteten Erzeugung während der gesamten Laufzeit entsprechend. Dies entspricht dem „Stack". Im Zeitablauf müssen nun die abgesicherten Terminmarktmengen in die folgenden Jahre übertragen, oder gerollt werden. Gleichzeitig reduziert sich der Gesamthedge um die bereits gelieferte Menge.

Damit könnte der Hedge zu Beginn des zweiten Lieferjahres das hier in Abb. 4.7 vorgestellte Aussehen haben. Die Hedgemenge des ersten Jahres wurde, abzüglich der im ersten Jahr erfolgten Lieferung, auf die nachfolgenden Jahre verteilt. Es wurden wieder die nächsten drei, somit liquide handelbaren, Jahre gewählt, um Terminprodukte zu handeln. Nach Ablauf des ersten Jahres sind dies die ursprünglichen Lieferjahre 2, 3 und 4. Wie das erwartete Liefervolumen initial auf die Terminprodukte aufgeteilt und im Zeitablauf auf die nachfolgenden Perioden gerollt wird, und in welchen Lieferjahren die Absicherung erfolgt, liegt jeweils im Ermessen des Dienstleisters.

Das Rollieren der Absicherung auf die jeweils folgenden Jahre bietet Händlern die Möglichkeit, durch kluge Strategien wirtschaftliche Vorteile zu generieren. Hier können die Preisdifferenzen zwischen den Lieferjahren (die sogenannten

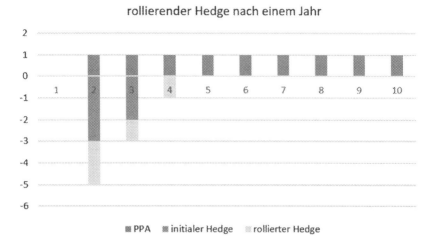

Abb. 4.7 Rollieren des Hedges

Time Spreads) bewirtschaftet werden, genauso wie die Preisdifferenz zwischen Base- und Peakprodukten (der sogenannten Base-Peak-Spread), um die naheliegendsten zwei Elemente zu benennen.

Die Anlage produziert während der Laufzeit ein individuelles Profil, wie in den vorhergehenden Abschnitten beschrieben wurde. Damit muss ein Dienstleister während der Laufzeit des Vertrages ständig Mengen kaufen und abverkaufen. Die prognostizierte Erzeugung in jeder Viertelstunde wird dem Hedge gegenübergestellt. In einigen Perioden wird die Anlage mehr produzieren, als hier eine Menge aus dem Hedge gegenübersteht. In anderen Perioden müssen zur Bedienung des Hedges Mengen nachgekauft werden. Dies erfolgt am Spotmarkt.

An der Stelle soll ein Aspekt im Rahmen der PPA-Bewirtschaftung erläutert werden – das zeitversetzte Abschließen eines Up- und Downstreamvertrages bei preislicher Absicherung. Wie bereits beschrieben wurde, ist es durchaus üblich, dass ein Dienstleister einen PPA-Vertrag mit einem Anlagenbetreiber abschließt und die Mengen direkt am Terminmarkt absichert. Dies geschieht durch Verkauf entsprechender Produkte am Terminmarkt. Aus den Erlösen der Terminprodukte werden die Zahlungen für den von der Anlage aufzukaufenden Strom generiert. Abb. 4.8 gibt dieses grundsätzliche Schema wieder.

Wird der Downstream-Vertrag zeitversetzt geschlossen, werden die zu liefernden Mengen ebenfalls am Terminmarkt abgesichert, Es entsteht eine analoge

Abb. 4.8 Absicherung
eines Upstream-PPA am
Terminmarkt

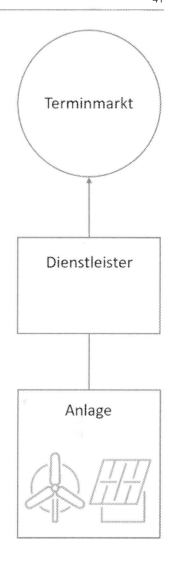

Situation für das Verhältnis zum Abnehmer, nur werden hier Terminprodukte erworben. Abb. 4.9 zeigt wiederum das entsprechende Schema.

Abb. 4.9 Absicherung
eines Downstream-PPA am
Terminmarkt

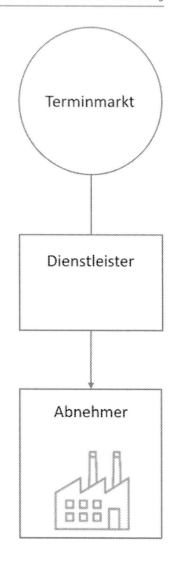

Rein formell sind so zwei voneinander unabhängige Verträge entstanden. Der Abnehmer des PPAs vereinbart mit dem Dienstleister in einigen Fällen die Lieferung aus einer konkreten Anlage, bspw. einem Greenfield-Photovoltaik-Projekt oder einem Windpark. Wenn kein konkreter Anlagenbezug vereinbart wird, so ist Kern des PPAs die Lieferung von elektrischer Energie mit besonderen Eigenschaften. Also zumindest die Herkunft des Stroms allgemein aus einer EE-Anlage muss sichergestellt werden.

Faktisch kann der Anlagenbezug auch in einem solchen Konstrukt sichergestellt werden. Wenn die in den Up- und Downstreamverträgen zu liefernden Mengen kongruent sind, sind die Hedgegeschäfte am Terminmarkt dementsprechend auch kongruent. Sie werden für beide Seiten mit jeweils entgegengesetztem Vorzeichen geschlossen. Der Dienstleister sichert die Upstream-Seite durch Verkäufe am Terminmarkt ab, der Lieferverpflichtung aus der Downstream-Seite werden Käufe gegenübergestellt.

Da die Hedgegeschäfte kongruent sind und gegenläufig, heben sie sich gegenseitig auf. Es verbleibt die Lieferung an den Abnehmer des PPA. Abb. 4.10 gibt diese Situation wieder. Die besondere Eigenschaft des Stroms, die Herstellung

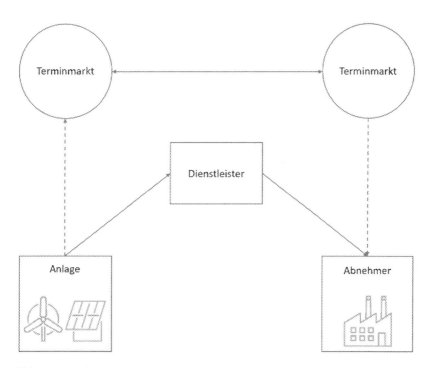

Abb. 4.10 Lieferschema Up- und Downstream PPA

aus Erneuerbaren Energien, kann in Form des Herkunftsnachweises[6] übertragen werden.

Auf diesem Weg kann eine Lieferung mit konkretem Bezug auf eine Anlage sichergestellt werden, auch wenn die Upstream- und die Downstreamseite zeitversetzt abgeschlossen werden. Mit diesem Vorgehen ist es einem Dienstleister möglich, auch ein Portfolio aus Upstream-PPA-Verträgen nach und nach an Abnehmer abzuverkaufen, ohne die Preisrisiken zwischenzeitlich auf das eigene Buch nehmen zu müssen.

An dieser Stelle sei noch einmal der Bogen gespannt zu den weiter oben beschriebenen Themen. Erinnert sei an das Erstellen von typischen Einspeiseprofilen, das Bestimmen der anlagenindividuellen Abweichung vom typischen Profil, Capture Rates, Vermarktungskosten und Ausgleichsenergie. Während der Laufzeit eines derartigen Vertrages werden all diese Größen ständig überwacht und überprüft. Die bei Vertragsschluss gemachten Annahmen bezüglich der Entwicklung dieser Parameter werden daraufhin überprüft, ob sie weiterhin Gültigkeit haben. Sollten sich Änderungen ergeben, beispielsweise die Capture Rate einer Technologie sich voraussichtlich nachhaltig ändern, wird eruiert, welche Maßnahmen für bestehende Verträge ergriffen werden können und wie die Parameter für zukünftige weitere Verträge gefasst werden. PPA-Verträge schreiben die Parameter in der Regel für die Laufzeit fest. Es sind gleichwohl Öffnungsklauseln möglich, die eine Nachverhandlung bei ausgeprägten Veränderungen der Rahmenbedingungen möglich machen. Neben einer Anpassung von Verträgen sind auch Maßnahmen denkbar, die der Dienstleister ergreift, um den neuen Gegebenheiten Rechnung zu tragen. Infrage käme beispielsweise eine Anpassung der Absicherungsgeschäfte am Terminmarkt, falls sich die Capture Rate ändert.

Einige Aspekte fallen in den Bereich des unternehmerischen Risikos. Werden höhere Ausgleichsenergiekosten realisiert, als in der Planung angenommen, sind außer der Verbesserung der Prognosegüte kaum Schritte[7] denkbar. Ein weiteres Beispiel für dieses Risiko sind die starken Preisschwankungen an den Termin- und Spotmärkten Ende 2021 und Anfang 2022. Gegen derartig starke und unvorhersehbare Schwankungen sind keine Absicherungen möglich, zumindest keine wirtschaftlich tragbaren.

Ein weiterer Aspekt, der im Rahmen der Bewirtschaftung von PPAs eine Rolle spielt und am Preisverhalten des Spotmarktes anknüpft, ist das generelle

---

[6] Siehe hierzu den noch folgenden Abschnitt zu den Herkunftsnachweisen.

[7] Änderungen des Preisregimes der Ausgleichsenergie, wie sie am Energiemarkt schon mehrmals auftraten, können durchaus durch Vertragsklauseln abgefangen werden, die bei signifikanter Änderung der Rahmenbedingungen eine Neuverhandlung rechtfertigen.

Zusammenspiel von der Einspeisung aus Erneuerbaren Energien und den Preisen am Spotmarkt. Der Einspeisevorrang für Erneuerbare Energien führt dazu, dass in Zeiten eines hohen Angebotes an Wind und Photovoltaik die so erzeugten Strommengen am Spotmarkt verfügbar sind und konventionelle Erzeugung verdrängen. Erneuerbar erzeugte Energien haben Grenzkosten von nahezu Null. Das führt dazu, dass bei einem hohen Aufkommen an Erneuerbaren Energien die Preise am Spotmarkt sinken. Umgekehrt steigen die Preise, wenn das Aufkommen der Erneuerbaren gering ist.[8] Damit befinden sich Dienstleister in einer ungünstigen Situation. Wenn die Vertragsmenge aus dem PPA am Terminmarkt abgesichert ist, führt eine geringe Einspeisung aus der Anlage dazu, dass Mengen am Spotmarkt erworben werden müssen, um den Hedge zu bedienen. Oft sind solche Einspeiseschwankungen nicht regional begrenzt, meist ist dann der gesamte Markt unterversorgt. Es fehlt an erneuerbarem Strom am Spotmarkt und die Preise steigen. Der Dienstleister muss also nicht nur Mengen nachkaufen, sondern dies auch noch zu einem tendenziell hohen Preis. Umgekehrt führt eine sehr hohe Produktion zwar zu der Möglichkeit, Strom im Spotmarkt abzuverkaufen. Allerdings werden die Preise tendenziell niedrig sein. Die Dienstleister sehen sich hier einem Mengen- und gleichzeitig einem Preisrisiko gegenüber.

---

[8] Vgl. Pudlik et al. (2015), S. 1.

Eingangs wurde ein PPA als ein Stromliefervertrag bezeichnet, dem eine besondere Qualität zugrunde liegt. Diese besondere Qualität meint die Herkunft aus Erneuerbaren Energien. Diese Eigenschaft kann unabhängig von Verträgen dokumentiert und transportiert werden. Dies geschieht in Form der Herkunftsnachweise („HKN"), im Englischen auch als Guarantee of Origin (GoO) bezeichnet.

Ein Herkunftsnachweis ist ein elektronisches Dokument. Es bescheinigt, wie und wo Strom aus Erneuerbaren Energien produziert wurde, es wird in diesem Zusammenhang auch mit einer Geburtsurkunde verglichen. Diese Nachweise sind europaweit handelbar. Sie sorgen dafür, dass diese Qualität des erzeugten Stromes nur einmal verkauft werden kann. Die Ausstellung, Übertragung und Entwertung der HKN erfolgt über das Herkunftsnachweisregister, welches durch das Umweltbundesamt geführt wird.[1]

Der Handel mit Herkunftsnachweisen fand in der Vergangenheit ausschließlich bilateral statt. Aktuell gibt es erste Plattformen, auf denen der OTC-Handel mit HKN angeboten wird.[2] Ein Börsenhandel ist aktuell jedoch nicht möglich. Damit existieren auch keine Settlementpreise, die für die Bewertung herangezogen werden können. Daher war der Markt mit Blick auf die Preise bisher intransparent. Nur eine Anfrage bei einem Broker oder einem Lieferanten ermöglichte es, die Preissituation abzuschätzen. Gelingt es einem Dienstleister, auf einer OTC-Plattform ein ausreichendes Handelsvolumen zu vereinen, kann auf dem Wege eine Preisreferenz geschaffen werden. Allerdings wird diese dann nicht

---

[1] Vgl. BDEW (2021), S. 9.

[2] Siehe hierzu www.enmacc.de. Aussagen zum Handelsvolumen in HKN liegen dem Autor nicht vor.

© Der/die Autor(en), exklusiv lizenziert an Springer Fachmedien Wiesbaden GmbH, ein Teil von Springer Nature 2022
S. Schnorr, *Power Purchase Agreements*, essentials,
https://doi.org/10.1007/978-3-658-37910-0_5

den öffentlichen Charakter eines Settlementpreises haben, da in der Regel nur Nutzer der Plattform Zugriff auf entsprechende Preise oder Preishistorien haben.

Herkunftsnachweise werden europaweit ausgestellt und gehandelt. Sie werden für unterschiedliche Energieträger ausgestellt, darunter vor allem Wasserkraft, aber auch PV und Wind. Auch Technologien wie Geothermie, Kraft-Wärme-Kopplung oder Biomasseverstromung erhalten für den in den jeweiligen Anlagen erzeugten Strom HKN. Aufgrund der Gegebenheiten dominierte im Bereich HKN insbesondere Wasserkraft aus Skandinavien („nordic hydro") mengenmässig den Markt.[3] Aufgrund des großen Angebotes waren diese HKN meist auch die günstigsten. In Deutschland werden zunehmend HKN aus Windkraftanlagen erwartet, da in den kommenden Jahren mehr und mehr Anlagen nach Ablauf der Förderung gemäß EEG berechtigt sind, HKN zu erhalten.

Durch den Erwerb eines Herkunftsnachweises und dessen Entwertung kann die darin verbriefte grüne Eigenschaft übertragen werden. Der letztlich verbrauchte Strom hat stets die gleiche Eigenschaft, die Erzeugungsart ist beim Verbraucher nicht mehr festzustellen. Hier wird oft auch das Bild des Stromsees[4] eingesetzt. Wie auch an einem See nicht mehr nachvollziehbar ist, aus welcher Quelle nun genau das gerade verbrauchte Wasser stammt, ist auch beim gerade verbrauchten Strom keine Zuordnung zur Erzeugungsquelle möglich. Ohne weitere Differenzierung setzt sich der Strom damit aus verschiedenen Quellen, erneuerbaren, konventionellen und atomaren Erzeugern, zusammen. Dieser Strommix wird auch als Graustrom bezeichnet, in Abgrenzung zu Grünstrom für aus Erneuerbaren Energien erzeugten Strom und Schwarzstrom für Strom aus Kohlekraftwerken.[5] Eine Differenzierung kann auf unterschiedlichen Wegen erfolgen. Zum einen kann Strom geliefert werden, der aus Anlagen bezogen wird, die im Rahmen des EEG eine Förderung erhalten. Zum anderen kann über den Erwerb und die Entwertung von Herkunftsnachweisen dem gelieferten oder verbrauchten Graustrom eine grüne Eigenschaft gegeben werden. Durch die Entwertung kann die grüne Eigenschaft nicht erneut übertragen werden.

Der beschriebene Sachverhalt wird insbesondere bei der Ökostromlieferung der Leipziger Stadtwerke deutlich (Abb. 5.1). Diese bestand im Jahr 2020 zu 65 % aus Strom aus Anlagen, die eine Förderung nach dem EEG erhielten, also Anlagen in der sogenannten Direktvermarktung. Die übrigen 35 % werden über Herkunftsnachweise nachträglich vergrünt.

---

[3] Vgl. Hauser et al. (2019), S. 94.

[4] Vgl. Wikipedia („Stromsee-Modell").

[5] Vgl. Wikipedia („Graustrom").

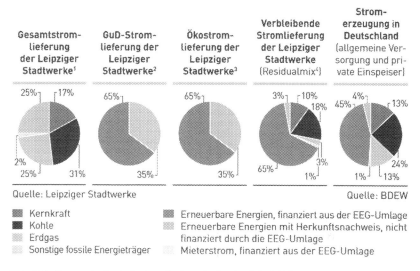

| Gesamtstrom-lieferung der Leipziger Stadtwerke[1] | GuD-Strom-lieferung der Leipziger Stadtwerke[2] | Ökostrom-lieferung der Leipziger Stadtwerke[3] | Verbleibende Stromlieferung der Leipziger Stadtwerke (Residualmix[4]) | Strom-erzeugung in Deutschland (allgemeine Versorgung und private Einspeiser) |

Quelle: Leipziger Stadtwerke   Quelle: BDEW

■ Kernkraft   ▨ Erneuerbare Energien, finanziert aus der EEG-Umlage
■ Kohle   ▨ Erneuerbare Energien mit Herkunftsnachweis, nicht
▨ Erdgas   finanziert durch die EEG-Umlage
▨ Sonstige fossile Energieträger   ▨ Mieterstrom, finanziert aus der EEG-Umlage

Abb. 5.1 Strommix der Leipziger Stadtwerke für das Jahr 2020

Über die hier beschriebenen Mechanismen kann im Rahmen eines PPA-Vertrages die Lieferung von Strom aus einer konkreten Anlage sichergestellt werden.

Ein Anlagenbetreiber schließt mit einem Lieferanten einen Upstream-PPA Vertrag, in dem neben der Lieferung des Stromes auch die Übertragung der Herkunftsnachweise vereinbart wird. Wird nun ein Downstream-Vertrag abgeschlossen, in dem der Dienstleister einem Abnehmer die Lieferung des Stromes aus der spezifischen Anlage zusichert, erfolgt in erster Linie eine Belieferung mit Graustrom. Da der Strom nicht direkt von der Anlage abgenommen wird, sondern aus dem Bilanzkreis des Dienstleisters geliefert wird, hat der Strom erst einmal noch keine besondere Eigenschaft. Die Herkunftsnachweise können nun im Rahmen des Downstream-Vertrages an den Vertragspartner übertragen werden. Dieser entwertet die Herkunftsnachweise dann für den verbrauchten Strom. Alternativ kann der Dienstleister die Entwertung der Herkunftsnachweise vornehmen. Auf diesem Wege wird die Herkunft des Stromes an den Verbraucher übertragen. Durch die Entwertung wird die Eigenschaft, konkret die zur Erzeugung eingesetzte Technologie und die konkrete erzeugende Anlage, nun auf den verbrauchten Strom übertragen. Eine erneute Übertragung ist nicht mehr möglich, da die Herkunftsnachweise entwertet sind und somit nicht mehr handelbar sind.

Was Sie aus diesem *essential* mitnehmen können

- Es gibt vielfältige Möglichkeiten, Power Purchase Agreements zu kategorisieren. Sehr gebräuchlich sind Unterscheidungen nach Lieferrichtung und nach Art der Anlage.
- Die Einspeisung von EEG-Anlagen ist abhängig vom Angebot des Energieträgers. Die Produktion ist nicht planbar.
- In der Bepreisung von Power Purchase Agreements wird regelmäßig auf die Settlements der Base-Produkte zurückgegriffen. Neben Kosten und Risikoaufschlägen spielt die Capture Rate eine große Rolle.
- Während der Lieferung haben die Parteien unterschiedlich hohen Aufwand. Für Dienstleister spielen die Spotmärkte und die Ausgleichsenergie eine große Rolle.
- Herkunftsnachweise, die eine bestimmte Herkunft von Strom verbriefen und handelbar machen, können genutzt werden, um in Power Purchase Agreements einen Anlagenbezug herzustellen.

Literatur

BDEW (2021), BDEW Bundesverband der Energie- und Wasserwirtschaft e. V., Positionspapier „Finanzierung und Marktintegration von Erneuerbare Energien-Anlagen", Version: 2.1, Dr. Ruth Brand-Schock, Natalie Lob

Dena (2020), „Grüner Strom per Vertrag", https://www.dena.de/newsroom/gruener-strom-per-vertrag/, abgerufen am 07.06.2021

Energy Brainpool (2021), „PPA Preismonitor", 21.11.2021, Berlin

Hauser et al (2019), Forschungskennzahl FKZ 37 EV 16 130 0, FB000162, Marktanalyse Ökostrom II

JERA (2018), Jenennchen, Eva; Ertragsgutachten, PV-Kraftwerk Grieben, Ilmenau, 2018

Kyos (SAV), „Strukturen und Bewertung von Stromabnahmeverträgen", https://www.kyos.com/de/strukturen-und-bewertung-von-stromabnahmevertraegen/, abgerufen am 20.11.2021

Leiner (2020), Leinert, Michael, Bewertung von Konzepten zur Nutzung und Speicherung von Strom aus Photovoltaikanlagen im Rahmen von Power Purchase Agreements, Masterarbeit an der RWTH Aachen

Netze BW GmbH (2022), Preise für die Nutzung des Stromverteilnetzes der Netze BW GmbH

Next (PPA), "Was ist ein Power Purchase Agreement (PPA)?", https://www.next-kraftwerke.de/wissen/power-purchase-agreement-ppa, abgerufen am 20.11.2021

Pudlik et al (2015), Pudlik, Martin; Sensfuß, Frank; Winkler, Jenny, „Leitstudie Strommarkt; Arbeitspaket 4 „Welche Faktoren beeinflussen die Entwicklung des Marktwerts der Erneuerbaren Energien?", Literaturübersicht und weiterer Forschungsbedarf

PV-Magazin (2021), https://www.pv-magazine.de/2021/09/27/ppa-photovoltaik-projekte-zeigen-2021-ein-starkes-wachstum/, abgerufen am 20.11.2021

Schnorr, Stephan (2019), Energiebeschaffung in Industrieunternehmen, Springer Gabler, 1. Auflage, 2019

Statista (EPEX), „Börsenstrompreis am EPEX-Spotmarkt für Deutschland/Luxemburg von August 2020 bis August 2021", https://de.statista.com/statistik/daten/studie/289437/umfrage/strompreis-am-epex-spotmarkt/, abgerufen am 21.11.2021

Statkraft (2021a), „Statkraft liefert Windstrom an Zementhersteller OPTERRA", https://www.statkraft.de/presse/news/Archiv/2021a/statkraft-liefert-windstrom-an-zementhersteller-opterra/

© Der/die Herausgeber bzw. der/die Autor(en), exklusiv lizenziert an Springer Fachmedien Wiesbaden GmbH, ein Teil von Springer Nature 2022
S. Schnorr, *Power Purchase Agreements*, essentials,
https://doi.org/10.1007/978-3-658-37910-0

Statkraft (2021b), „Statkraft beliefert Deutsche Bahn mit subventionsfreiem Windstrom aus Deutschland", https://www.statkraft.de/presse/news/Archiv/2021b/statkraft-beliefert-deu tsche-bahn-mit-subventionsfreiem-windstrom-aus-deutschland/

Umweltbundesamt (ETS), https://www.umweltbundesamt.de/daten/klima/der-europaeische-emissionshandel#textpart-1, abgerufen am 16.01.2019

Zum Weiterlesen

Erneuerbare Energie, Konzepte für die Energiewende; Hrsg. v. Thomas Bührke, Roland Wengenmayr

Energiewirtschaft: Einführung in Theorie und Politik, Löschel, Andreas et al, De Gruyter Oldenbourg

Handel mit Strom aus erneuerbaren Energien, Dietmar Richard Graeber, Springer Gabler, 2014

}essentials{

Stephan Schnorr

Energiebeschaffung in Industrieunternehmen

Erfolgreiches Agieren
am Energiemarkt

Springer Gabler

}essentials{

Stephan Schnorr

Optionen in der Energiewirtschaft

Springer Gabler

Printed in the United States
by Baker & Taylor Publisher Services